essentials

essentials liefern aktuelles Wissen in konzentrierter Form. Die Essenz dessen, worauf es als „State-of-the-Art" in der gegenwärtigen Fachdiskussion oder in der Praxis ankommt. *essentials* informieren schnell, unkompliziert und verständlich

- als Einführung in ein aktuelles Thema aus Ihrem Fachgebiet
- als Einstieg in ein für Sie noch unbekanntes Themenfeld
- als Einblick, um zum Thema mitreden zu können

Die Bücher in elektronischer und gedruckter Form bringen das Fachwissen von Springerautor*innen kompakt zur Darstellung. Sie sind besonders für die Nutzung als eBook auf Tablet-PCs, eBook-Readern und Smartphones geeignet. *essentials* sind Wissensbausteine aus den Wirtschafts-, Sozial- und Geisteswissenschaften, aus Technik und Naturwissenschaften sowie aus Medizin, Psychologie und Gesundheitsberufen. Von renommierten Autor*innen aller Springer-Verlagsmarken.

Ulrike Lichtinger

Positive Bildung

Wohlbefinden UND Leistung in der Schule

 Springer VS

Ulrike Lichtinger
Katholische Universität Eichstätt
Lehrstuhl für Schulpädagogik
Eichstätt, Deutschland

ISSN 2197-6708 ISSN 2197-6716 (electronic)
essentials
ISBN 978-3-658-39762-3 ISBN 978-3-658-39763-0 (eBook)
https://doi.org/10.1007/978-3-658-39763-0

Die Deutsche Nationalbibliothek verzeichnet diese Publikation in der Deutschen Nationalbibliografie; detaillierte bibliografische Daten sind im Internet über http://dnb.d-nb.de abrufbar.

Planung/Lektorat: Stefanie Laux
Springer VS ist ein Imprint der eingetragenen Gesellschaft Springer Fachmedien Wiesbaden GmbH und ist ein Teil von Springer Nature.
Die Anschrift der Gesellschaft ist: Abraham-Lincoln-Str. 46, 65189 Wiesbaden, Germany

Was Sie in diesem *essential* finden können

- eine Einführung in das Konzept der Positiven Bildung
- das Rahmenmodell der australischen Geelong Grammar School
- Bausteine Positiver Bildung im deutschsprachigen Raum
- aktuelle Befunde zum Thema Wohlbefinden in der Schule

Inhaltsverzeichnis

Über die Autorin

Prof. Dr. Ulrike Lichtinger ist maßgebliche Impulsgeberin für Positive Bildung bzw. Positive Schulentwicklung und bringt beides gemeinsam mit ihren Teams nach Deutschland, Österreich, Luxemburg und in die Schweiz. 2017 entstand zunächst der auf Wohlbefinden in der Schule ausgerichtete Ansatz der Positiven Schulentwicklung. Mithilfe des Interventionspakets PERMA^{change} werden inzwischen zahlreiche Schulen aller Schularten in Innovationsprozessen unterstützt. Aktuell arbeitet sie in verschiedenen Projekten der Positiven Bildung. PERMA.teach stärkt Lehrer*innen und Schulen in Österreich, KOMPASS meets PERMA bringt Wohlbefinden mit PERMA und Arbeit mit Charakterstärken an die bayerischen Realschulen, in Rheinland-Pfalz liegt der Fokus der Positiven Bildung auf „Schulen stark machen", in Luxemburg widmet man sich dem Authentic Leadership.

Als Professorin für Schulpädagogik an der Universität Eichstätt gibt sie heute ihr Wissen zudem an Studierende weiter, bietet virtuelle und analoge Impulse aus ihrem Forschungsfeld der Positiven Bildung und berät Schulleitungen sowie Führungskräfte im Schulwesen zur Steigerung von Wohlbefinden in der Schule. In der IPPA (International Positive Psychology Association) zeichnet sie sich als Leitung verantwortlich für den Bereich Forschung und Praxis in der Positiven Bildung. Ein weiteres essential von ihr gibt Aufschluss über Positive Schulentwicklung, zudem ist im Carl Link Verlag ihr Praxisbuch der Positiven Schulentwicklung erschienen. E-Mail: ulrike.lichtinger@ku.de; uli@lichtinger.de

Einleitung

Nahezu vier Millionen Kinder und Jugendliche unter 18 Jahren weisen laut Angaben des statistischen Bundesamtes psychische Beeinträchtigungen auf. Neue Daten der OECD zeigen eine ansteigende Prävalenz von niedrigem Wohlbefinden und Burn-out bei Lehrerinnen und Lehrern. Zunehmend steigen die Zahlen von Schulleitungen, die ihr Amt – auch nach langjähriger Arbeit – niederlegen oder gar ganz aus dem Lehrberuf aussteigen. Geregelter Schulbetrieb wird aufgrund fehlender Pädagoginnen und Pädagogen zu einer wachsenden Heraus- bzw. Überforderung.

Migration und Flucht. Pandemie. Klimakrise. Kriegsgeschehen: Die Disruptionen zu Beginn der 2020er Dekade könnten kaum größer sein. Sie stellen uns vor persönliche, relationale und gesellschaftliche Herausforderungen, machen sprachlos, orientierungslos, handlungsunfähig. Bewährte Strukturen lösen sich auf, verlieren ihre sicherheitsstiftende Funktion und werfen uns Menschen auf uns selbst zurück.

Schon beinahe abgedroschen mag es da klingen, wenn führende Wissenschaftlerinnen und Wissenschaftler – wie schon im letzten Jahrhundert – mit Nachdruck postulieren: Es wird Zeit, unsere Gesellschaft – und unsere Schulen als essentiellen Teil davon – neu zu denken. Es wird Zeit, Schulen gemeinsam wieder stark zu machen, damit sie unsere nachwachsende Generation unterstützen können, stark zu sein und nachhaltig zu handeln. „Transformatives Lernen für Mensch und Erde ist überlebensnotwendig für uns und für künftige Generationen", so die Berliner Erklärung zur Bildung für nachhaltige Entwicklung. Bereits 2015 wurde die Agenda 2030 mit ihren 17 Zielen für nachhaltige Entwicklung verabschiedet und so eine gesamtgesellschaftliche Transformation vorgedacht. Schöne Gedanken. Bedeutsame Ideen. Doch wie kommt es vom Denken zum Handeln? Wie gelingt es, die Kluft zwischen Wissen und Handeln zu schließen und passende

U. Lichtinger, *Positive Bildung*, essentials,
https://doi.org/10.1007/978-3-658-39763-0_1

Impulse in die Schulen zu bringen, Schulen stark zu machen, kraftvoll und inspi-
rierend zu sein für Schülerinnen und Schüler, Lehrkräfte, Schulleitungen, für alle
Menschen im System bzw. an den Übergängen des Systems Schule zu anderen
Systemen?

Die Positive Bildung als Ableger der Positiven Psychologie hat sich dieser Aufgabe verschrieben. Seit gut einer Dekade wachsen weltweit Initiativen,
Schulen zu „heliotropen", also vitalen, freudvollen, energetisierten und energe-
tisierenden Organismen zu formen, zu Einrichtungen, die Menschen unterstützt,
aufzublühen, zu wachsen, ihre individuellen Potenziale zu entfalten und so ihren
jeweiligen Beitrag zu einer besseren Welt zu leisten.

Zentral dafür ist es, einen bislang zumindest in vielen Köpfen unvereinba-
ren Gegensatz von Wohlbefinden und Leistung aufzulösen und aufzuzeigen, dass
beides untrennbar miteinander verbunden und ineinander verwoben ist. Wenn
Schulen in der Folge zu Orten des Wohlbefindens und Leistens werden, zu
Orten, wo der oft zitierte Ernst des Lebens mit der Freude am Lernen verbunden wird, dann werden Schulen zu Orten wohliger pädagogischer Atmosphäre, in
der junge Lernende bereit sind, sich anzustrengen, Herausforderungen anzugehen,
sich durchzubeißen, auch wenn es knifflig ist, und dabei Freude zu empfinden,
Leidenschaften zu entwickeln. Dann werden Schulen zu lebendigen Lebens- und
Lernorten, zu Lernateliers der Zukunft, Kompetenzwerkstätten und Experimen-
tallaboren, in denen kreativ erschaffen, mutig erprobt, immer wieder neu erfahren,
untersucht und studiert wird.

Dieses Buch bietet einen prägnanten Einblick in das Konzept der Positiven
Bildung und zeigt deren praktische Anwendung an verschiedenen, aktuell existierenden Beispielen auf. Es richtet sich vorrangig an Lehrkräfte, Schulleitungen
und Schulaufsicht sowie Schülerinnen und Schüler und Eltern und bietet eine
empirisch fundierte Begründung dafür an, Wohlbefinden und persönliches Wachstum aller Menschen im System Schule zur zentralen Kategorie zu erheben und
Unterricht und Schulleben darauf auszurichten. Die Einleitung eröffnet das Themenfeld, zeichnet aktuelle Herausforderungen nach und begründet so, warum
eine Orientierung an Positiver Bildung sinnvoll erscheint. In Kap. 2 steht die
Entwicklung der Positiven Bildung mit dem Rahmenmodell der australischen
Geelong Grammar School im Fokus und skizziert die vier Handlungsfelder der
Umsetzung. Kap. 3 beschreibt das Herzstück Positiver Bildung mit seiner Ziel-
kategorie des Flourishing, die Ausrichtung auf Wohlbefinden mit PERMA sowie
das Hauptprinzip der Stärkenorientierung. In Kap. 4 werden konkrete Praxisbei-
spiele aus dem deutschsprachigen Raum für die vier Handlungsfelder vorgestellt
und mit der PERMA-Matrix eine Unterstützung für die Umsetzung Positiver Bildung an Schulen angeboten. Kap. 5 verweist auf Befunde aus der Forschung

für diejenigen, die an den mit dem Ansatz verbundenen empirischen Erkenntnissen interessiert sind, und lotet Chancen und Grenzen aus. Ziel ist es, zu Empowerment in der Positiven Bildung beizutragen und Schulen Mut zu machen, konsequent Positive Bildung zu ermöglichen.

Einführung in das Konzept der Positiven Bildung

2

2.1 Entstehung der Positiven Bildung

Nach Etablierung der Positiven Psychologie, der angewandten Wissenschaft vom gelingenden Leben, durch Martin Seligman im Jahre 1998 wuchs auch das Interesse an ihrer praktischen Nutzung im Kontext von Bildung und Schule. So entstand der Ableger Positive Education – die Positive Bildung. In ihr geht es vorrangig darum, den in der Schule oft angenommenen scheinbaren Widerspruch von Wohlbefinden und hohen Leistungen aufzulösen. Anhand einschlägiger Forschung kann aufgezeigt werden, wie Wohlbefinden hohe schulische Leistungen bedingt und akademische Leistungen Wohlbefinden steigern können (Seligman et al., 2009). Was dahinter steckt, ist im Grunde einfach und doch bislang in den Schulen immer wieder wenig berücksichtigt: Wird Schülerinnen und Schülern ein Trainingsangebot mit erprobten Übungen zur Erhöhung von Wohlbefinden angeboten und werden diese über einen längeren Zeitraum regelmäßig vollzogen, so steigt bei diesen das Wohlbefinden im Vergleich zu einer Kontrollgruppe signifikant an – ein Ergebnis, das noch nicht weiter verwundert. Was vielleicht verwundern und überraschen mag, ist das folgende erfreuliche Ergebnis: Durch diese Übungen können zugleich die akademischen Leistungen der Schüler*innen und Schüler steigen, ohne dass dazu konkrete fachbezogene Maßnahmen ergriffen werden. Diese Leistungssteigerung entsprach in einer der ersten großen Studien in Bhutan, Chile und Peru bis zu einem ganzen Schuljahr (Adler et al., 2016). Zusammengenommen deuten die Ergebnisse u. a. aus diesen Studien sogar darauf hin, dass Übungen, die auf den Erwerb von Kompetenzen zur Erhöhung von Wohlbefinden abzielen, einen besseren Effekt im Hinblick auf die Steigerung akademischer Leistungen zeigen als Übungen zur Steigerung von Fachkompetenzen. Wie ist das möglich? Die Erklärung ist im Grunde relativ einfach und

U. Lichtinger, *Positive Bildung,* essentials,
https://doi.org/10.1007/978-3-658-39763-0_2

logisch. Übungen zur Positiven Bildung zielen darauf ab, Kinder und Jugendliche in ihren Lebenskompetenzen zu stärken. Zunächst geht es darum, mit ihnen gemeinsam herauszufinden, was sie gerne tun, in welchen Tätigkeiten sie Freude entwickeln, in den Flow kommen. Dies deutet auf das hin, was sie besonders gut können und wo ihre je individuellen Stärken liegen. Kennen Menschen ihre Stärken, dann ist es für sie leichter möglich, große und kleine Ziele in ihrem Leben zu formulieren. Damit entsteht eine positive Zukunftsorientierung, von Seligman Prospektion genannt, die Hoffnung und Zuversicht stärkt. „Das Eintreten guter Dinge zu erwarten und das Gefühl zu haben, das sie eintreten werden, wenn man sich Mühe gibt, sowie das Vorausplanen für die Zukunft – das alles unterstützt eine gute Laune im Hier und Jetzt und inspiriert ein zielgerichtetes, [glückliches] Leben" (Seligman, 2015). Wissen Menschen, was sie erreichen wollen, kennen sie ihr Ziel, dann entsteht Motivation, den – durchaus auch steinigen, anstrengenden Weg – zu diesem Ziel zu gehen. Dann macht das für sie Sinn. Und hierin stecken dann bereits einige der Faktoren für Wohlbefinden. Gemeint ist damit nicht nur ein alltagssprachliches Synonym für Wohlfühlen, sondern vielmehr ein wissenschaftliches Konstrukt mit fünf Säulen, nämlich positive Emotionen (Hoffnung), Engagement (im Flow sein), Relations (Beziehungen), Meaning (Sinn) und Accomplishment (Erfolg bei Zielerreichung) (Lichtinger, 2021). Brohm (Brohm-Badry, 2017) bringt die Wirkung von Wohlbefinden auf Leistung in eine mathematische Gleichung, dem humanistischen Leistungsparadigma, das die aus der Physik bekannte Formel für Leistung um Wohlbefinden als zentralen Einflussfaktor ergänzt:

$$\text{Leistung} = \text{Arbeit} \times \text{Wohlbefinden}/\text{Zeit}$$

Leistung erhöht sich demnach sowohl durch ein Mehr an Arbeit als auch durch eine Steigerung von Wohlbefinden. Damit ist belegt, was wir Menschen intuitiv längst wissen: Wenn wir uns gesehen, wertgeschätzt und sicher fühlen, Sinn in dem, was wir tun, empfinden, ein klares Ziel vor Augen haben und mit anderen gemeinsame Sache machen können, dann können wir gut lernen, sind kreativ und produktiv, können gute Leistungen erbringen. An wissenschaftliche Theorie rückgebunden lässt sich dies u. a. erklären mit der Selbstbestimmungstheorie (Ryan & Deci, 2018): Wir Menschen möchten uns als wirksam erleben, dann sind wir offen, lern- und leistungsbereit. Dazu brauchen wir drei Dinge:

– Autonomie,
• Kompetenzerleben
• Verbundenheit.

Konkret bedeutet dies, dass Kinder, Jugendliche und Erwachsene dann lernen und leisten können, wenn sie das Gefühl haben, frei wählen oder frei gestalten zu können, autonom zu sein. Für Schule und Unterricht bedeutet dies, Autonomien zu gewähren, Schülerinnen und Schülern Freiheiten einzuräumen. Gemeint sind damit keine absoluten Freiheiten. Kinder und Jugendliche sollen nicht tun und lassen dürfen, was sie wollen. Diese Freiheit würde sie überfordern, zu Desorientierung, Ziellosigkeit und Passivität führen. Es geht um Wahlfreiheiten, beispielsweise um Möglichkeiten, zwischen Aufgaben wählen, die Reihenfolge zu bearbeitender Übungen frei bestimmen oder in der eigenen Geschwindigkeit lernen zu können.

Kompetenzerleben setzt voraus, dass gestellte Aufgaben weder über- noch unterfordern, sondern den individuellen Stärken und Kompetenzen entsprechen. Hilfreich ist dafür eine Potenzial- oder Stärkenorientierung, die den einzelnen in seiner Individualität anerkennt und Optionen schafft, die individuellen Kompetenzen immer wieder einzubringen. Dazu bietet es sich an, mit dem Konzept der Charakterstärken zu arbeiten (Niemiec, 2019). Die Forschung dazu zeigt, dass die Stärkung von Stärken effektiver wirkt als den Fokus ausschließlich auf das Ausmerzen von Defiziten oder Schwächen zu legen. Die im Unterricht häufig vorherrschende Fehlerorientierung läuft dem zuwider. Lernende werden darin bestätigt, nicht gut genug zu sein. Dies provoziert – wenn wiederholt stattfindend – eher eine negative subjektive Zuschreibung bzw. kann die Entwicklung eines negativen Selbstkonzepts befördern. Burow beschreibt anhand seiner Forschung, dass bis zu 25 % der Grundschulkinder innerhalb der ersten beiden Schuljahre ein negatives Schul-Selbst entwickeln, da sie „ausgerechnet in der Schule weder Wertschätzung noch das Glück des Lernens erfahren haben" (Burow, 2017). Und dennoch leiden Lehrpersonen nicht selten an der professionellen Deformation der vorauseilenden Fehlersuche (Brohm & Endres, 2017). Wie oft habe ich mich als ehemalige Deutschlehrerin dabei ertappt, den Artikel in der Tageszeitung weniger auf den Inhalt als vielmehr auf Rechtschreib- und Grammatikfehler scannend zu überfliegen anstatt nach besonders gelungenen Textstellen Ausschau zu halten und mich an überraschenden Metaphern oder treffenden Wortspielen zu erfreuen. Dahinter steckt – die Theorie Deci und Ryans reflektierend – die Erwartung, dass der andere etwas vielleicht nicht können könnte. Es wird so eher weniger auf eine gute Leistung und Wirksamkeit gehofft, es wird weniger auf die Stärken und Potenziale des anderen geachtet – eine pessimistische Grundhaltung, die zudem der dritten Sache zuwider läuft – Verbundenheit. Betrachten wir andere eher mit kritischem Auge, so kann nur schwer echtes Miteinander entstehen. Für und mit anderen zu sein, zu lernen, zu arbeiten und zu leisten entspricht wesentlich unserem Menschsein. Schon die alten Griechen und Römer konstatierten Menschen als Gemeinschaftswesen – zoon politikon oder animal sociale. So macht es auch in der Schule Sinn, das Miteinander zu fördern und Gelegenheiten zum gemeinsam Wachsen zu schaffen – nicht zuletzt deshalb, weil im gemeinsamen Lernen kokonstruktive Prozesse stattfinden (Reich, 2012), die wichtige Inspirationsquellen für die Entstehung von Lernnetzen sein können. Vielen Kindern bereitet es zudem mehr Freude, gemeinsam forschend zu lernen oder kreativ zu sein.

2.2   Rahmenmodell der Geelong Grammar School

Eine Ausrichtung an Positiver Bildung in der Schule kann – das zeigen die Ausführungen – aus unterschiedlichen Gründen sinnvoll sein. Diesen Gedanken verfolgte auch Trent Barry. Der Schulleiter der australischen Geelong Grammar School hatte Martin Seligman im Rahmen einer telefonischen Schulung zur Positiven Psychologie kennen und schätzen gelernt. Auf seine Initiative hin kam dieser im Rahmen eines Sabbaticals 2008/09 für ein Jahr an seine Schule. Gemeinsam mit weiteren Expertinnen und Experten der Positiven Psychologie und der Schulfamilie widmete er sich der Frage, wie Positive Psychologie für (schulische) Bildung konzeptionell nutzbar gemacht werden kann. Es entstand das Projekt, das Aufblühen der Schülerinnen und Schüler – nach Seligman Flourishing bezeichnet – im Sinne einer vollumfänglichen individuellen Potenzialentfaltung, in den pädagogischen Fokus zu rücken und zur Leitidee der Schule zu machen. Um dies zu erreichen, sollte ein mehrphasiger Prozess beschritten werden. Ziel war es, ein Schulprogramm mit konkreten, wissenschaftlich validierten Maßnahmen zusammenzustellen, das das von Seligman beschriebene Modell PERMA für Wohlbefinden als Basis nutzt und an den Stärken der Menschen im System entlang geht. Dazu wurde die von Seligman und Peterson 2004 entwickelte Arbeit mit Charakterstärken integriert und für Schule und Unterricht überlegt, wie Seligmans fünf Säulen für Wohlbefinden, die im Akronym PERMA zusammengenommen sind, im Kontext einer Positiven Bildung nutzbar gemacht werden können. PERMA steht für positive Emotionen (P), Engagement (E), positive Beziehungen (R für Relations), Sinn (M für Meaning) und Zielerreichung (A für Accomplishment) Schließlich kam noch eine weitere Säule dazu, nämlich körperliche Gesundheit (H für Health), die insbesondere die Themen Ernährung und Bewegung im Blick hat.

Aufblühen der Schülerinnen und Schüler und aller Lehrpersonen als Ziel allen schulischen und unterrichtlichen Handelns stellt das Zentrum des Rahmenmodells der Positiven Bildung dar. Es wird von den Charakterstärken gerahmt, da

Aufblühen immer zunächst auf die Potenziale jedes einzelnen blickt und die pädagogische Arbeit darauf ausrichtet. Diese wird gestärkt durch Maßnahmen zu PERMA, zur Stärkung positiver Emotionen (P) beim Lernen und Leisten, zur Unterstützung von Engagement (E), zur Förderung von lernförderlichen Beziehungen und Verbundenheit (R), zur Bewusstmachung bzw. Erzeugung von Sinn im Tun (M) sowie zur Anbahnung von Selbstwirksamkeitserfahrungen durch Erfolg über Zielerreichung (A). Ergänzt wird dies durch eine weitere Schwerpunktsetzung auf Gesundheit, die insbesondere eine bewusste Ernährung sowie regelmäßige Bewegung umfasst und mehr meint als die reinen Fächer Sport oder Hauswirtschaft (Abb. 2.1).

2.3 Die vier Handlungsfelder

In der Entwicklung der Positiven Bildung an der Geelong Grammar School stand neben dem Rahmenmodell die Frage nach einer systematischen Implementation an. Es sollten daher im Modell zum einen die inhaltlichen Bausteine aufscheinen sowie die notwendigen Elemente eines gelingenden Schulentwicklungsprozesses hin zu positiver Bildung (Lichtinger, 2022). Der eigene Prozess mit Seligman wurde dazu dokumentiert, reflektiert und verstetigt. In einem ersten Arbeitsschritt wurde das Kollegium der Schule in den Grundlagen der Positiven Psychologie fortgebildet. Klar war, dass dieser Schritt, Positive Bildung lernen (PERMA lernen), eine Basis für weitere Entwicklungen darstellen muss, bevor gemeinsam

Abb. 2.1 Rahmenmodell der Positiven Bildung. (Bildrechte: eigene Abbildung nach (Norrish, 2015) angefertigt mit Hilfe von Slidesgo-Infographics)

Abb. 2.2 Positive Bildung umsetzen: Handlungsfelder. (Bildrechte: eigene Abbildung nach (Norrish, 2015) angefertigt mit Hilfe von Slidesgo-Infographics)

überlegt werden kann, wie sich diese für Schule, Schulleben und Schulkultur (PERMA leben) sowie für Unterricht nutzen lässt. Für den Unterricht wurden zum einen Trainingsprogramme für verschiedene Jahrgangsstufen ausgearbeitet, Kernelemente von PERMA unterrichtet (PERMA unterrichten). Darüber hinaus wurde überlegt, wie PERMA und Stärkenarbeit im Fachunterricht aufscheinen können (PERMA einbetten). Insgesamt vier Bereiche kristallisierten sich so heraus, wurden zu den zentralen Handlungsfeldern, denen größere und kleinere Interventionen – durch Forschung als wirksam erkannte praktische Bausteine – zugeordnet und an der Schule pilotiert wurden (Abb. 2.2).

PERMA lernen wird dabei verstanden als mehrteiliger Einführungskurs in die Grundlagen der Positiven Psychologie. Besonderer Wert wird dabei auf die Verknüpfung theoretischer Konstrukte mit praktischen Erfahrungen und empirischen Befunden gelegt. So lernen Schulleitung und Lehrkräfte, idealerweise auch Eltern, Wohlbefinden mit PERMA kennen, reflektieren ihren Alltag und trainieren anhand kleiner Methoden, ihr persönliches Wohlbefinden zu steigern sowie diese Methoden in ihrer täglichen Arbeit mit Kolleginnen und Kollegen bzw. Schülerinnen und Schülern zu nutzen. Sie erproben dabei Elemente wie Dankbarkeitsübungen, Aktivitäten zur Steigerung von Achtsamkeit oder Maßnahmen zur Schaffung von „high quality connections" (Cameron et al., 2003; Dutton,

2003; Stephens et al., 2012), kurz HQR genannt, hoch wirksamen und wohltuenden Verbindungen zu anderen, und tauschen sich über deren Wirkung aus. Sie lernen Mindsets, verschiedene Denkansätze und deren Effekte im Klassenzimmer, kennen und machen sich bewusst, wie stark emotionale Ansteckung – positiv wie negativ – wirken kann.

Kernbausteine wie Wachstumsdenken, das sogenannte Growth Mindset (Dweck, 2017), kennenzulernen, sich bewusst zu machen und zu stärken, geht – als ein Beispiel – weit über eine Anwendung schulischer Methoden hinaus. Es betrifft und beeinflusst menschliche Haltung und Werte und zeigt dadurch den fließenden Übergang zwischen Schule und Privatem im Kontext von PERMA leben. Im Wesentlichen definiert diese Haltung des Growth Mindsets die Vorstellung, dass jeder Mensch besondere individuellen Stärken und Talente besitzt und dass es wesentlich ist, diese einzusetzen und sich beständig weiterzuentwickeln. Zum stetigen Entwicklungsprozess gehört in diesem Verständnis, den Geist ebenso wie den Körper zu trainieren, dazu Herausforderungen zu suchen und Scheitern als wichtiges Element auf dem Übungsweg zu verstehen. PERMA leben bedeutet daher, dieses Prinzip für sich nutzbar zu machen und zu reflektieren, wo diese Haltung bereits gelingt und wo Entwicklungsfelder bestehen. PERMA in der Schule leben überträgt dies zudem auf den schulischen Kontext. Growth Mindset leben kann sich hier in der Art zeigen, wie eine Lehrkraft ihre Schülerinnen und Schüler lobt und ermutigt, oder auch darin, dass sie sie immer wieder auf das Growth oder auch Fixed Mindset, das sie vielleicht gerade an den Tag legen, hinweist.

Ein Beispiel für PERMA unterrichten ist die Etablierung der Bewusstmachung kleiner, spontaner Freundlichkeiten, „random acts of kindness" (RAKs). So werden die Schülerinnen und Schüler mit dem Konzept sowie den Wirkungen dieser kleinen Freundlichkeiten auf andere und auf sich selbst vertraut gemacht und bekommen beispielsweise kleine bunte Papier-Schmetterling an die Hand. Diese sind verbunden mit der Aufgabe, bei den Mitschülerinnen und Mitschülern nach kleinen Freundlichkeiten Ausschau zu halten, diese auf die Schmetterlinge zu schreiben und in das Schmetterlingsnetz im Klassenzimmer zu legen. Am Ende der Woche wird gemeinsam besprochen, welche Freundlichkeiten die Lerngruppe über die Woche hinweg einfangen und sichtbar machen konnten.

PERMA in den Fachunterricht einbetten kann bedeuten in der Literaturarbeit Heldinnen und Helden auf ihre Charakterstärken hin zu untersuchen und nach derem Einsatz zu fragen. Ebenso können Antiheldinnen und Antihelden auf dieser Basis kritisch betrachtet werden. Und es kann untersucht werden, wie diese ihre Charakterstärken instrumentalisieren (Norrish, 2015).

Heute – nach über zehn Jahren intensiver Arbeit – ist an der Geelong Grammar School nicht nur das Konzept der Positiven Bildung auf Grundlage eines festen Rahmenmodells etabliert. Angegliedert ist auch ein Fortbildungsinstitut, das Interessierte qualifiziert (Norrish, 2015). Inzwischen ist die Geelong Grammar School mit der Positiven Bildung nicht mehr allein. Bis heute wächst der Ansatz international schnell und strahlt inzwischen u. a. von den USA, Seligmans Heimat, und Australien über Bhutan, Mexiko bzw. Peru nach Indien, China sowie nach Europa aus (Seligman & Adler, 2018). Zehntausende Schulen und hunderttausende Kinder können mittlerweile von Positiver Bildung profitieren, wenngleich der Ansatz im deutschsprachigen Raum derzeit noch in den Kinderschuhen steckt. Initiativen dazu gibt es – beim Schulfach Glück (Fritz-Schubert et al., 2015) und dem Curriculum Glückskompetenz (Mathes, 2016) angefangen über Positive Detective (Lichtinger, 2021) bis hin zu PERMA^{lis} (Lichtinger et al., 2021). Konkrete Beispiele aus dem deutschsprachigen Raum, die sich am Rahmenmodell der Geelong Grammar School orientieren und auf empirisch erprobte Maßnahmen achten, werden in Kapitel vier ausführlicher vorgestellt.

Wohlbefinden mit PERMA als Herzstück

3.1 Flourishing – Aufblühen als Ziel von Schule

Zentrum des Rahmenmodells Positiver Bildung ist – wie in der Abb. 2.1 deutlich ersichtlich – Flourishing, das Aufblühen jedes Menschen im System Schule, da es das Ziel Positiver Bildung darstellt. Dies geschieht in Analogie zur Positiven Psychologie, die das Ziel verfolgt, das Aufblühen aller Menschen in der Welt zu unterstützen (Seligman, 2015). Zugrunde liegt die Überzeugung, dass Menschen helitrop agieren, darauf ausgerichtet sind, ein gelingendes Leben führen, wachsen und Wohlbefinden erreichen bzw. steigern zu wollen. Auf Bildungseinrichtungen angewandt muss ergo der Frage nachgegangen werden, was getan werden muss, damit Schule aufblühen, die Menschen sich dort entfalten können (Lichtinger, 2018). Dies geschieht auf verschiedenen Ebenen in mannigfacher Weise. Macht sich eine Schule auf den Weg zur Etablierung positiver Bildung, so geht es als erstes darum, im Rahmen einer Stärkenanalyse den bereits existierenden Potenzialen auf die Spur zu kommen und diese Schätze zu heben. Auf Schulebene kann sich Aufblühen beispielsweise zeigen, wenn es Werte gibt, die die Schulgemeinschaft miteinander teilt und der sie sich verpflichtet fühlt. Diese Werte können in einem Leitbild verankert sein, gelten allerdings erst als Indikatoren, wenn sie sich im Alltag erkennen lassen. So wird ein Leitsatz „Wir schauen aufeinander" möglicherweise dadurch gelebte Praxis, dass sich Schülerinnen und Schüler und ihre Lehrkräfte bewusst grüßen, indem sie sich dabei anschauen und bewusst in Kontakt treten. Auf Unterrichtsebene kann Aufblühen sichtbar werden, indem immer wieder miteinander gelacht wird und im Raum eine gewisse Leichtigkeit spürbar ist. Und während Lehrpersonen dadurch aufblühen können, dass sie im Kollegium offen über Herausforderung sprechen und gemeinsam Lösungen überlegen,

U. Lichtinger, *Positive Bildung*, essentials, https://doi.org/10.1007/978-3-658-39763-0_3

kann dies bei Schülerinnen und Schülern der Fall sein, wenn sie stärkende Beziehungen zu anderen entwickeln und pflegen. Viele dieser Aspekte sind bekannt und eher unspektakulär, entwickeln allerdings dann eine besondere Kraft, wenn sie systematisch, strukturiert an einem Modell entlang und über einen längeren Zeitraum bewusst vollzogen werden (Waters, 2020).

Was Flourishing und die Steigerung von Wohlbefinden betrifft, so wird die Idee der Gesundung von Menschen durch Therapie auf die Erhöhung von Wohlbefinden übertragen: Wenn kranke Menschen von einem negativen Wohlbefinden bei -8 über Therapie gesünder werden können hin zu -4, dann müssten gesunde Menschen mit einem Wohlbefinden von $+4$ dieses durch geeignete Maßnahmen steigern können auf beispielsweise $+8$. Damit verändert sich das Bild von Gesundheit und Krankheit in der Positiven Psychologie. Sie werden nicht mehr verstanden als diametrale Pole, sondern als zwei Enden eines Wohlbefindenskontinuums (Antonovsky, 1997), auf dem sich jeder Mensch permanent bewegt und danach strebt Gesundheit, Wohlbefinden und Glück zu erhöhen. Wohlbefinden wird dabei nicht nur verstanden als „feeling good", also „sich gut fühlen", wenngleich positive Emotionen in den verschiedenen psychologischen Konstrukten eine durchaus wichtige Rolle spielen, sondern zudem auch als „functioning well", gesund zu sein und Gutes zu tun (Norrish, 2015). 1984 unternahm Ed Diener als erster den Versuch, Wohlbefinden zu fassen und deutete subjektives Wohlbefinden als

- möglichst intensives, häufiges und länger andauerndes Vorhandensein positiver Emotionen wie Freude und Genuss bei gleichzeitigem idealerweise
- Nicht-Vorhandensein von negativen Emotionen wie Trauer oder Angst sowie
- einer allgemeinen Lebenszufriedenheit (Diener, 1984).

Von Carol Ryff stammt das Konzept des psychologischen Wohlbefindens mit den Dimensionen

- Selbstakzeptanz (eine positive Einstellung sich selbst und der eigenen Vergangenheit gegenüber haben),
- soziale Beziehungen (das Vorhandensein zufriedenstellender Bezüge zu anderen Menschen und Freundschaften),
- Autonomie (das Erleben von Selbstbestimmung),
- Fähigkeit zur Umweltgestaltung (die Gestaltung der unmittelbaren Lebenswelt an den eigenen Werten entlang),
- Lebenssinn (das Vorhandensein von Lebenszielen und Sinn im Handeln) sowie
- persönliches Wachstum (das Gefühl einer kontinuierlichen, kohärenten Entwicklung) (Ryff, 2014).

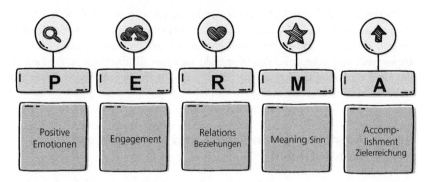

Abb. 3.1 PERMA-Modell. (Bildrechte: eigene Abbildung angefertigt mithilfe von Slidesgo-Infographics)

Die beiden definitorischen Annäherungen von Diener und Raff repräsentieren je ein mögliches Verständnis des Konstrukts Wohlbefinden. Dieners Konzept zielt dabei verstärkt auf die Gefühlsebene und damit auf ein hedonistisches, ein lustbezogenes Verständnis von Wohlbefinden ab, während Ryffs Zugang ein primär eudaimonischer ist, der auf Lebenszufriedenheit ausgerichtet ist. Seligman definiert Wohlbefinden über PERMA, fünf Säulen, und fasst sie begrifflich im Akronym wie in Abb. 3.1 ersichtlich zusammen:

P steht dabei für positive Emotionen. Diese sind am ehesten gleichzusetzen mit Wohlfühlen, da sie positive Gefühle umfassen. Sie greifen Dieners subjektives Wohlbefinden auf, das u. a. darauf ausgerichtet ist, bei sich selbst und/oder bei anderen für regelmäßige positive Emotionen zu sorgen und diese in Dauer, Intensität, Häufigkeit zu steigern. Zufriedener werden Menschen erwiesenermaßen, wenn sie sich für etwas Großes engagieren können und in diesen Handlungen vollkommen aufgehen (Lichtinger, 2019). Dieses Aufgehen, in den Flow kommen, fließt in der zweiten Säule, E für Engagement zusammen. Mitglied und damit integrativer Teil einer Gemeinschaft zu sein, kooperativ und kokreativ wirksam zu werden, anderen Gutes bzw. gut zu tun und sich wiederum auf andere verlassen zu können (Esch, 2017), wird in der dritten Säule Relations, der Pflege positiver Beziehungen, gefasst. Sinn im persönlichen Handeln zu erleben – hierfür steht das M wie Englisch Meaning für Sinn – unterstützt als vierte Säule Wohlbefinden und Aufblühen. Verkompletiert wird PERMA mit Säule Nummer fünf Accomplishment bzw. Achievement (A). Beide Begriffe werden mit Zielerreichung bzw. Erfolg übersetzt. Erreichen Menschen gesteckte Ziele, so gibt es ihnen die Möglichkeit, sich selbst als wirksam zu erleben und ein positives

Selbstkonzept zu entwickeln bzw. zu stabilisieren, mit sich zufrieden zu sein (Seligman, 2015). PERMA berücksichtigt Hedonismus und Eudaimonie gleichermaßen, achtet also sowohl auf „sich gut fühlen" als auch auf „gesund sein und Gutes tun", zufrieden sein. Das Konstrukt ist Basis für die Positive Bildung an der Geelong Grammar School, die Schule und Unterricht auf Wohlbefinden mit PERMA ausgerichtet hat.

3.2   Ausrichtung von Schule und Unterricht auf Wohlbefinden

Positive Emotionen, repräsentiert über P von PERMA, sind von großer Bedeutung für die Schule, von der es ja bekanntlich heißt, dass dort der Ernst des Lebens beginnt. Nach Barbara Fredrickson (Fredrickson, 2011) lassen sich zehn positive Emotionen identifizieren und kultivieren: Freude, Dankbarkeit, Gelassenheit und Heiterkeit, Liebe und Verbundenheit, Interesse, Hoffnung, Stolz, Vergnügen, Inspiration und Ehrfurcht. Die erste Emotion, Freude, wird oft auch mit Spaß haben gleichgesetzt. Sie entsteht durch positive Überraschung oder Entwicklungen, die besser sind als zunächst vielleicht gedacht. Freudvolles Tun trägt häufig spielerische Züge von Leichtigkeit, mutigem Ausprobieren – bisweilen gestützt durch Blödelei oder Albernheiten. Die Situation, in der sich so etwas zeigt, wird als sicher erfahren, alle Kanäle sind offen, das Denken ist weit. Für die Schule ist dies ein zentraler Moment, da dadurch bzw. durch andere positive Emotionen eine wichtige Lern- und Leistungsspirale entstehen kann, von Fredrickson in der Broaden-and-Build-Theorie beschrieben und als Aufwärtsentwicklung mit Spiraleffekt – wie in Abb. 3.2 gezeigt – visualisiert.

Demzufolge erzeugt das Empfinden positiver Emotionen ein Gefühl von Sicherheit in Schülerinnen und Schülern, was diese offen und weit macht im Denken (Broaden), neue Ideen, neue Handlungen, neue Beziehungen ermöglicht. Sie können so überhaupt erst lernen, kreativ werden, mutig Neues ausprobieren. Dadurch können sich positive Folgen einstellen: Neue Gedanken führen weiter, helfen Aufgaben zu bewältigen, neue Begegnungen machen Freude. Dies wirkt sich auf den ganzen Körper aus, erzeugt physische, psychische und soziale Ressourcen. Physisch kann sich das darin zeigen, dass Kinder und Jugendliche widerstandsfähiger sind, nicht so leicht krank werden. Psychisch können sie die genannten Erfahrungen stärken und ihnen das Gefühl geben, wirksam zu sein. Soziale Wirkung kann sich dahingehend zeigen, dass die Mimik positiv ist, dem Kind bzw. dem Jugendlichen die positive Emotion buchstäblich ins

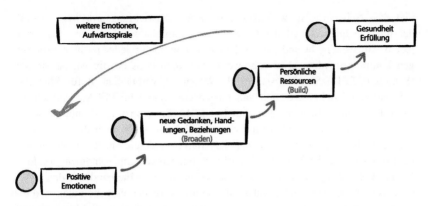

Abb. 3.2 Broaden-and-Build-Theorie. (Bildrechte: eigene Abbildung (nach Fredrickson & Cohn, 2008) angefertigt mit Hilfe von Slidesgo-Infographics)

Gesicht geschrieben steht, was diesen ggf. sympathischer auf die anderen wirken lässt. So entsteht eine Aufwärtsspirale der Gesundheit und Erfüllung beim einzelnen, da die genannten Folgen wiederum positive Emotionen erzeugen und erneut ins Broaden and Build führen können. Auf Klassenebene können positive Emotionen eine positive Lernatmosphäre erzeugen, in der die Schülerinnen und Schüler angstfrei lernen, sich Herausforderungen in Form kniffligerer Aufgaben eher stellen sowie eher bereit sind, nicht gleich aufzugeben, wenn es schwierig wird (Lichtinger, 2021).

Nicht nur Freude, auch die weiteren genannten Emotionen können diese Spirale erzeugen, nehmen ihren Anfang auf der Gefühlsebene allerdings unterschiedlich. So wird Dankbarkeit eher in in sich ruhender Form wahrgenommen. Sie entsteht durch Anerkennung von Handlungen, die eine andere Person häufig für einen selbst oder Nahestehende vollzieht und ist damit eine Emotion, die in der sozialen Interaktion entsteht. Diese im Schulleben beispielsweise über eine Dankbarkeitswand sichtbar zu machen und so ein Füreinander zu würdigen und zur Nachahmung anzuregen, zeichnet Positive Bildung aus. Heiterkeit und Gelassenheit bezeichnet eine Emotion, die im Englischen „Serenity" heißt und aufgrund der Vielschichtigkeit des Begriffs keine eindeutige Entsprechung hat. Der Emotion zugrunde liegen eine gewisse Leichtigkeit und Zuversicht, bisweilen ein Innehalten und Genießen des Augenblicks. Sie lässt sich in der Positiven Bildung sehr gut kombinieren mit dem Konzept des Wachstumsdenkens, eine Haltung, die darauf fokussiert, dass Menschen sich stetig entwickeln, dass diese Entwicklung mit Herausforderungen verbunden ist, die es zu überwinden gilt und dass Scheitern ein wichtiger Teil dieses Entwicklungsprozesses darstellt, der mit Leichtigkeit und der Gewissheit genommen werden kann, dass es in jedem Fall weitergeht und nach Schwierigkeiten auch wieder positive Erfahrungen kommen werden. „Nur sehr wenig von dem, was positiv ist, ist einsam" (Seligman, 2015, S. 40). Als soziale Wesen ist Verbundenheit für Menschen ein zentrales Erlebensziel und daher auch eine Säule im PERMA-Modell, die Säule Relations – Beziehungen. Auf Ebene der Emotionen ist sie mit Liebe und Zuwendung verbunden. Gemeint ist damit nicht ausschließlich die romantische Liebe, sondern jegliches Verbundenheitsgefühl zu anderen. Sie zu kultivieren wird unterstützt durch die bewusste Schaffung sogenannter „micromoments of love" (Fredrickson, 2013), Augenblicken, die wir ganz dem Miteinander widmen. Wie oft geschieht es in der Schule, dass alle so mit Aufgaben eingenommen sind und dabei völlig vergessen, den bzw. die anderen wahrzunehmen? Mikromomente der Verbundenheit können beispielsweise dadurch entstehen, dass sich Lehrpersonen am Ende des Unterrichts bewusst von jedem Kind oder jedem Jugendlichen an der Türe verabschieden, kurzen Blickkontakt haben und ein paar Worte zum Tag wechseln. Die Emotion Interesse wird möglicherweise nicht sofort positiven Emotionen zugeordnet. Fühlen Menschen sich wohl, dann werden sie – wie durch die Broaden-and-Build-Theorie beschrieben – offen für Neues, sind bereit, sich Herausforderungen zu stellen. Diese Bereitschaft ist mit Interesse verbunden, Interesse daran, neue Wege zu ergründen, die Herausforderung zu meistern, oder Interesse daran, Neues zu lernen, Wissen und Kompetenzen zu erwerben. Dies kann nur geschehen, wenn die Hoffnung darauf besteht, diese Herausforderung auch meistern zu können. Denn „Hoffnung, Optimismus und Zukunftsorientiertheit sind eine Familie von Stärken, die eine positive Einstellung zur Zukunft zum Ausdruck bringen" (Seligman, 2015, S. 365). Oft ist allein dies schon inspirierend und zahlt auf die Emotion Inspiration ein. Die Emotion Stolz wird im europäischen Kulturkreis häufig negativ konnotiert, ist allerdings eine wichtige Emotion, die ihre Berechtigung hat und angemessen Platz braucht. Stolz kann entstehen bei Zielerreichung. Nehmen sich Schülerinnen und Schüler für einen fest definierten Zeitraum ein kleineres oder größeres Lernziel vor, dann dürfen sie stolz sein, wenn sie das Ziel erreicht haben, erfolgreich waren. Stolz ist eng verbunden mit dem PERMA-Faktor Accomplishment, der Zielerreichung, die Erfolg meint und dafür sorgen kann, dass ein positives Selbstkonzept entsteht bzw. gefördert wird. Erreichen Schülerinnen und Schüler Ziele, so wirkt sich dies auf ihre Selbstwirksamkeit aus. Es empfiehlt sich, in Plenumsrunden mit Kindern und Jugendlichen regelmäßig innezuhalten und zu fragen, was diese erreicht haben und wie ihnen diese Zielerreichung gelungen ist. Erfolge brauchen Betrachtung, Würdigung und – wenn sie groß sind – ein gebührendes Feiern.

Diese und andere Situationen können zudem die Emotion Vergnügen hervorrufen, die durch Miteinander, Verbindung zu anderen und Lachen gekennzeichnet ist. Manchmal bereiten kleine Missgeschicke Vergnügen. Lehrpersonen, die sich selbst nicht so ernst nehmen, über sich lachen können und ihren Unterricht mit Humor durchweben, können so für Vergnügen im Unterricht sorgen und dadurch zudem Leichtigkeit erzeugen. In Fredricksons Liste der positiven Emotionen steht Ehrfurcht am Ende, da sich diese Emotion am seltensten zeigt. Ihr zugrunde liegt das Momentum des Innehaltens und Staunens. Die Zeitqualität verändert sich und gibt Raum für dieses besondere Gefühl. Mit Schülerinnen und Schülern lassen sich dazu Übungen machen, die beispielsweise deren Wahrnehmung der Natur schulen und sie gewahr werden lassen, welche Wunder und Einzigartigkeiten es dort zu entdecken gibt. Dies kann ein spontanes Naturschauspiel sein, ein Gewitter mit Blitzen am Horizont, oder eine Biene, der beim Honigsammeln in der Blüte volle Aufmerksamkeit geschenkt wird.

Die erste Säule für Wohlbefinden, die positiven Emotionen, ist meist mit den anderen Säulen untrennbar verbunden. Sie knüpft an Dieners Konstrukt von Wohlbefinden an, das die Bedeutung positiver Emotionen für das subjektive Wohlbefinden betont. Für die zweite Säule Engagement wird der Frage nachgegangen, bei welchen Aktivitäten ein Zustand eintritt, der einen selbst- und zeitvergessen werden lässt. Wesentlich dafür, in den Flow zu kommen (Csikszentmihalyi, 2017) oder – wie Montessori es nennt – eine Polarisation der Aufmerksamkeit zu erleben (Montessori, 2021; Oswald, 2012), sind für das Kind bzw. den Jugendlichen die individuell passenden Aufgaben, die angemessen sind und somit den individuellen Stärken entsprechen. Zu einfache Tätigkeiten langweilen, fordern viel zu wenig und führen in der Folge zu einem Bore-Out, das geprägt ist von Lustlosigkeit und Desinteresse und so dazu führen kann, dass der gelangweilte Schüler bzw. die gelangweilte Schülerin den Unterricht stört. Haben die zu erbringenden Aktivitäten ein zu hohes Anspruchsniveau, so kann es zu Überforderung und damit zu Black-Out führen. Häufig fangen Lernende diese Aktivitäten aus Angst, diese nicht meistern zu können und damit eine negative Selbstwirksamkeitserfahrung machen zu müssen, gar nicht erst an. Auch hier können Vermeidungsstrategien Störungen evozieren (Lichtinger, 2021). „Leitkategorie für Engagement stellt … die sogenannte Stärkenorientierung dar. Dies bedeutet, in Entwicklungsprozessen den Fokus auf die Potenziale … zu legen, diese zu erkennen und zu fördern, ohne dabei die Schwächen auszublenden" (Lichtinger, 2021). Aus diesem Grund nimmt die Arbeit mit Charakterstärken hier eine wichtige Stellung ein (Niemiec, 2019; Norrish, 2015). Sie kann unterstützen, dass Lernende Feuer fangen, Burn-in erleben. Aufgaben zu erledigen, die den Stärken entsprechen, zahlt zudem auf die Säule Sinn ein. Was macht mehr Sinn, als Dinge zu tun, die wir gut können und mithilfe derer wir uns in der Gemeinschaft einbringen können? Menschen wollen wirksam sein für sich und in der Gemeinschaft, Kohärenz erleben (Antonovsky, 1997). Wirksamkeit und Kohärenz können in jedem von uns nur entstehen, wenn die Potenziale dafür angelegt und entsprechend aus- bzw. aufgebaut werden können. D. h. Menschen müssen das Gefühl haben, gestellte Aufgaben zu verstehen und bewältigen zu können – durchaus auch mit Anstrengung und Durchhaltevermögen verbunden.

Die PERMA-Säule Engagement braucht enge Verbindung zur PERMA-Säule Meaning, Sinn. Die Frage nach dem Warum eines Unterrichtsthemas durch die Schülerinnen und Schüler ist in jedem Fall zu beantworten und es ist aufzuzeigen, welchen Sinn die angedachten Aufgaben für den einzelnen und für die Lerngruppe haben, damit engagiertes Arbeiten möglich wird. In der Positiven Bildung kann dies konkret bedeuten, beim Lernen Alltagsbezüge sowie Verbindungen zum individuellen Lebenssinn der Lernenden herzustellen und – besonders bei jüngeren Schülerinnen und Schülern – über Geschichten Identifikationsmöglichkeiten zu bieten. Wird Sinn zudem mit klaren Zielvorgaben und vorskizzierten Wegen kommuniziert, so trägt dies der PERMA-Säule Accomplishment, Zielerreichung, Rechnung, die wiederum insbesondere auf Selbstwirksamkeitserfahrung rekurriert.

3.3 Prinzip der Stärkenorientierung

Wesentlich zur Erreichung von Aufblühen, dem Ziel der Positiven Bildung, ist das Prinzip der Stärkenorientierung. Die beiden großen Psychologen Martin Seligman und sein Kollege Christopher Peterson identifizierten gemeinsam mit führenden Wissenschaftlerinnen und Wissenschaftlern aus der Positiven Psychologie 24 kulturübergreifende, universell gültige menschliche Stärken, die als individuelle, unterscheidbare Wege zu den sechs zentralen Tugenden führen können (Peterson & Seligman, 2004). Diese Tugenden sind – wie in Abb. 3.3 gezeigt – Mut, Weisheit und Wissen, Gerechtigkeit, Menschlichkeit, Transzendenz und Mäßigung. Sie können von jedem Menschen über unterschiedliche Prozesse und Mechanismen, der Arbeit mit den individuellen Charakterstärken, erreicht werden. Dabei gibt es für jede Tugend ein spezifisches Set an Charakterstärken, die diese besonders gut erreichen lassen. Verstanden werden die Charakterstärken als positive Eigenschaften, die den Kern menschlichen Seins ausmachen, menschliches Tun und Verhalten in je individueller Ausprägung bilden (Niemiec, 2019). Als sogenannte „Values in Action (VIA)" repräsentieren sie 24 Werte, die alle Menschen in sich tragen und die in unterschiedlicher Ausprägung Anwendung

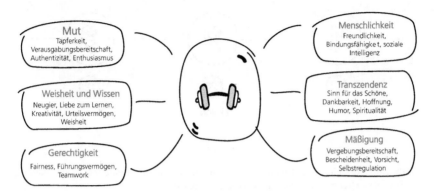

Abb. 3.3 Charakterstärken nach Seligman und Peterson (2004). (Bildrechte: eigene Abbildung angefertigt mit Hilfe von Slidesgo-Infographics)

finden und so die Einzigartigkeit jedes Menschen begründen, das Beste an ihr oder ihm zum Vorschein bringen können.

Menschen sind nach Peterson nicht einfach freundlich, kreativ oder authentisch. Sie besitzen vielmehr eine einzigartige Kombination aus Charakterstärken, haben ein unverwechselbares Stärkenprofil (Niemiec, 2019), das eine jeweils besondere Dynamik im Handeln auslösen kann. Zudem sind diese nicht statisch, sie verändern sich über die Lebensspanne und können durch bewusst unternommene Interventionen modifiziert werden. Jeder Mensch besitzt zunächst drei bis fünf Hauptstärken, sogenannte Signaturstärken, die Handeln insbesondere gelingen lassen. Werden diese eingesetzt, so ist die Aussicht auf Zielerreichung und Erfolg wahrscheinlicher. Auf Schule und Unterricht übertragen, bedeutet dies, dass es Sinn macht und wichtig ist, dass Kinder und Jugendliche ihre eigenen Stärken kennen und diese bewusst im Lernen und Leisten einsetzen. Sinnvollerweise wird dabei nach dem Aware-Explore-Apply-Modell verfahren (Niemiec, 2019). Dazu werden zunächst eigene Stärken erkannt, benannt und bestätigt sowie in anderen entdeckt und gewürdigt (Aware). Im Folgenden wird damit experimentiert, Charakterstärken, Aufgaben und Aktivitäten aufeinander abzustimmen und die damit verbundene Wirksamkeit zu reflektieren (Explore), bevor schließlich eine bewusste Nutzung der Charakterstärken auf Basis profunder Kenntnis der theoretischen Grundlagen erfolgt (Apply) (Abb. 3.4).

Lehrpersonen können diesen Lern- und Entwicklungsprozess des A-E-A bei ihren Schülerinnen und Schülern unterstützen, indem sie mit ihnen an der Identifikation der Charakterstärken sowie am auf und Ausbau ihrer Nutzung arbeiten.

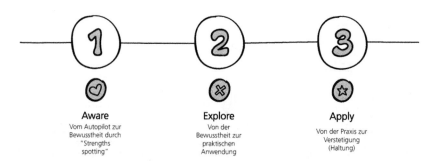

Abb. 3.4 AEA-Flow zur Stärkenarbeit. (Bildrechte: eigene Abbildung (nach Niemiec, 2019) angefertigt mit Hilfe von Slidesgo-Infographics)

Die Identifikation der Charakterstärken, das sogenannte Strengths spotting, die Stärkensuche, kann über unterschiedliche Maßnahmen erfolgen. Eine Möglichkeit stellt die Übung des „Best Possible Self", meines besten Ichs dar. Jede Schülerin, jeder Schüler wird gebeten, sich an eine Situation zu erinnern, in der sie oder er ihr Bestes gegeben hat, sich als besonders gut erlebt hat. Danach sollte die Situation dann entweder niedergeschrieben oder erzählt werden. Im Anschluss werden auf Grundlage der Geschichte die Charakterstärken identifiziert, die besonders zum Gelingen beigetragen haben, und dem Erzählenden rückgespiegelt. Alternativ kann der durch das VIA-Institut entwickelte Charakterstärkentest online durchgeführt werden. Er ist in einer Version für Erwachsene sowie für Jugendliche ab zehn Jahren auch in deutscher Sprache unter www.via character.org verfügbar und bietet auf Basis einer validierten Selbsteinschätzung am Ende das persönliche Stärkenprofil, welches im Anschluss zur Stärkenarbeit im Unterricht genutzt werden kann. So können zum Einstieg in eine offene Unterrichtsphase die Lernenden gebeten werden, sich vor Beginn der Arbeit an den Aufgaben zu überlegen, wie sie diese unter Nutzung ihrer Charakterstärken lösen können. Auch zum Ende einer Arbeitseinheit hin kann gemeinsam reflektiert werden, wer welche Charakterstärke einsetzen und damit gut vorankommen konnte. Ein Stärkenbaum im Klassenzimmer kann die individuellen Profile sichtbar machen und beispielsweise dabei unterstützen, für kooperative Arbeiten passende Partnerinnen und Partner zu finden, die zu den eigenen Stärken komplementär sind. Dies ermöglicht u. a. hochqualitätvolles Miteinander, „high quality connections" (HQR) (Stephens et al., 2012). Gemeint sind damit kürzer andauernde soziale Verbindungen, wie sie in Partner- oder Gruppenarbeiten vorzufinden sind. Damit diese Wohlbefinden und Aufblühen unterstützen und so der Säule Relationships Rechnung tragen, liefert die positive Organisationsforschung um Dutton profunde empirische Orientierungsmarken. Hochqualitätvolles Miteinander ermöglicht drei subjektive Erfahrungen:

1. das Erleben von Vitalität, also lebendiges Menschsein,
2. die Zuwendung durch eine andere Person und dadurch das Erleben von Verbundenheit sowie
3. das Gefühl von Gegenseitigkeit im Sinne einer Responsivität.

Entstehen diese drei Phänomene gekoppelt an strukturelle Elemente, so lassen sich positive Effekte feststellen. Kognitive, physiologische und verhaltensbezogene Prozesse der Beteiligten können sich verbessern und so u. a. dem „Functioning well"-Aspekt des Wohlbefindens zuträglich sein. Es macht daher nicht nur aus Gründen der Kokonstruktion beim Lernen Sinn, Kooperation durch wechselnde Zusammenarbeit von Schülerinnen und Schülern zu fördern. Darüber hinaus können durch die Habitualisierung eines wechselnden Miteinanders positive Emotionen wie Neugier, Freude, Interesse oder Dankbarkeit geweckt werden, was den Bogen zu „Feeling good" zurückschlägt (Stephens et al., 2012) und aufzeigt, wie stark die einzelnen Elemente der Positiven Bildung miteinander verquickt sind bzw. aufeinander wirken.

Die vier Handlungsfelder in der Praxis

Die Umsetzung von Positiver Bildung in Schule und Unterricht erfolgt auf Grundlage der Erkenntnisse der Geelong Grammar School in vier Bausteinen, nämlich PERMA lernen, PERMA leben, PERMA unterrichten und PERMA einbetten. Für den deutschsprachigen Raum gibt es zu den Handlungsfeldern vereinzelt bereits sehr solide Trainingsprogramme und Maßnahmen, von denen nun exemplarisch eine Auswahl vorgestellt wird.

4.1 PERMA lernen: Angebote für Lehrpersonen

Stärkenpadlet
Positive Bildung wird bislang sehr konsequent als angewandte Wissenschaft verstanden. Daher sind die existierenden Beispiele für PERMA lernen in der Regel gleichzeitig Angebote, um PERMA zu unterrichten, also um Schülerinnen und Schüler mit den Konzepten der Positiven Bildung vertraut zu machen und Positive Bildung insbesondere im Unterricht als festen Bestandteil zu etablieren. Dabei werden sowohl Theorie als auch Praxis in entsprechender didaktischer Reduktion berücksichtigt. Wer gerne erste Inhalte kennenlernen möchte, sei eingeladen, das Padlet https://padlet.com/ulrikelichtinger/staerken zu besuchen. Dort finden sich kurze Powerpoint-Präsentationen für Pädagoginnen und Pädagogen zum Thema Arbeit mit Charakterstärken, zum Konzept des Wachstumsdenkens (Growth Mindset), zur Frage, wie man Schule, Klassen und sich selbst positiv führen kann, sowie passende Übungen und Maßnahmen für die Primar- und Sekundarstufe zu jedem Inhalt.

U. Lichtinger, *Positive Bildung,* essentials, https://doi.org/10.1007/978-3-658-39763-0_4

PERMA.teach

Exemplarisch sei hier zudem die aus Österreich stammende Initiative PERMA.teach genannt. Eva Jambor und Ingrid Teufel trainieren österreichweit Lehrpersonen sowie eine Vielzahl von Pädagoginnen und Pädagogen aus diversen Handlungsfeldern in Positiver Bildung. Dieses Trainingsprogramm wird empirisch von Wammerl/Lichtinger begleitet, um die Wirksamkeiten in den verschiedenen Säulen von PERMA genauer erkennen zu können. PERMA.teach führt die Pädagoginnen und Pädagogen über die PERMA-Hand in PERMA ein und geht im Training – analog zum Rahmenmodell der Geelong Grammar School – an den einzelnen Faktoren entlang. Diese sind über die fünf Finger der Hand repräsentiert, sodass der Daumen für P steht, der Zeigefinger für E, der Mittelfinger für R, der Ringfinger für M und der kleine Finger für A. Konsequent werden in drei Modulen über ein Jahr hinweg ausgewählte theoretisch-empirische Erkenntnisse mit praktischen Übungen für die Pädagoginnen und Pädagogen selbst sowie für deren Arbeit in Schule und Unterricht vorgestellt und trainiert. Der Start in das Programm erfolgt dabei im Rahmen einer halbtätigen Fortbildung analog, die beiden weiteren Module werden digital angeboten. Flankiert wird das Programm durch ein bedarfsorientiertes Coaching-Angebot sowie die Möglichkeit zum Erfahrungsaustausch der Lehrpersonen im sogenannten Stärken.Café, einem ebenfalls digitalen Angebot, das die Lehrpersonen wahrnehmen können, nicht müssen. Als begleitendes Material mit einer Fülle von Umsetzungsideen zu PERMA finden sich die Reihen Jedes Kind stärken und Jugend stärken, die kostenfrei unter www.ifte.at als PDFs heruntergeladen und genutzt werden können. Am Ende des Programms sind alle Teilnehmenden zu einer Online-Abschlussveranstaltung eingeladen, die dazu dient, PERMA zu leben – sich über die erreichten Erfolge (A) auszutauschen (R) und zu freuen (P), sich gegenseitig mit neuen Ideen zu inspirieren (E) und in den Wirkungen des Programms den Sinn der Positiven Bildung (M) am eigenen Leib zu spüren.

Glückstraining

Tobias Rahm von der Universität Braunschweig hat ein spezielles Programm für Lehrpersonen entwickelt, das in die Grundgedanken der Positiven Psychologie bzw. Positiven Bildung einführt und Übungen bereithält, die Lehrerinnen und Lehrern nachweislich guttun https://www.tu-braunschweig.de/gluecksforschung/braunschweiger-gluckstraining. Das Training bietet eine fünfwöchige Trainingsphase mit drei Trainingseinheiten, einem Trainingstag und zwei sogenannten Booster-Sessions im Umfang von 10 Stunden Präsenz begleitet durch ein Übungsheft für Zuhause, das kleine Aktivitäten vorsieht, die habitualisiert werden sollen und so zu einer Erhöhung des subjektiven Wohlbefindens von Lehrerinnen und Lehrern beitragen können (Rahm & Heise, 2019). Zu den Aktivitäten gehören validierte

Interventionen wie Seligmans Three good things (Seligman, 2015) – das Innehalten am Ende des Tages, um drei gute Dinge aufzuschreiben, die sich an diesem Tag ereignet und eine positive Emotion hervorgerufen haben. Dies mag beinahe lapidar klingen. Die Forschung zeigt allerdings, dass über einen mindestens fünfwöchigen Zeitraum hinweg angewandt diese Übung zur Erhöhung von subjektivem Wohlbefinden beitragen kann. Eine Erklärung dafür ist, dass sie dabei unterstützt, das Augenmerk, das üblicherweise eher dem Negativen geschenkt wird (Haidt, 2000), auf das Positive zu lenken. Das Niederschreiben von positiven Erlebnissen lässt explizit das Positive in den Fokus nehmen und diese erinnern. Und die Erinnerung an eine positive Situation kann dieselben positiven Emotionen auslösen wie die, die wir in der Situation erlebt haben. Darüber hinaus tut uns gut, die notierten kleinen Ereignisse immer wieder gebündelt nachzulesen, da auch dies ein Paket positiver Emotionen in uns hervorrufen kann. Die Begleitforschung zu Rahms Glückstraining konnte zeigen, dass neben der Steigerung positiver Emotionen sowie der Reduktion negativer Emotionen Stressempfinden reduziert und emotionaler Erschöpfung vorgebeugt werden kann.

4.2 PERMA leben im Schulalltag

Gewohnheiten etablieren

Sorgfältig ausgewählte Rituale und Gewohnheiten helfen Positive Bildung nachhaltig zu etablieren. So kann ein Schultag mit persönlicher Begrüßung zwischen der Lehrperson und jedem einzelnen Schüler, jeder einzelnen Schülerin starten (unterstützt das P und das R in PERMA). Um den Kindern in ihrer Individualität Rechnung tragen zu können, bietet es sich an, drei Varianten zur Auswahl vorzuschlagen und jedem Kind die Möglichkeit zu geben, sich eine davon auszuwählen. Dies kann eine Begrüßung per Handschlag oder Ellbogen sein, ein bewusster kurzer Blickwechsel gekoppelt an ein Lächeln oder aber eine coole Begrüßung, die die Klasse als dritte Option gemeinsam festlegt. Für Jugendliche macht es Sinn, das Begrüßungsritual an die Altersgruppe anzupassen und gemeinsam festzulegen, welche Optionen dazu geeignet sind. Dies unterstützt das Autonomieerleben der Jugendlichen und gibt ihnen die Möglichkeit zur Partizipation. Beides kann u. a. Engagement (das E in PERMA) fördern. Dem potenziellen Widerstand, der sich in der Regel daraus ergibt, dass der Sinn nicht klar ist oder die Irritation zu groß (unangenehmes Ereignis), kann ggf. dadurch begegnet werden, dass erklärt wird, wozu diese Begrüßung jetzt und für das zukünftige Leben hilfreich sein kann. Zudem bietet es sich an, vorzuschlagen, diese Aktivität drei Wochen zu testen, bevor gemeinsam entschieden wird, ob sie beibehalten oder modifiziert werden soll (zahlt auf Sinn ein (M) sowie auf Beziehung (R)).Während des Schultages bietet es sich ggf. in unruhigeren Lerngruppen an, Momente der Stille (Brohm & Endres, 2017) oder eine Achtsamkeitsübung zu etablieren. Dies kann eine Minutenaktivität sein, in der die Schülerinnen und Schüler eine Situation visualisieren, in der sie gestaunt bzw. etwas besonders Schönes in der Natur bewundert haben (zahlt auf Positive Emotionen (P) und Engagement ein (E)).

Das Ende eines Schultages kann mit einer Plenumsrunde WWW – What went well (Norrish, 2015) Abschluss finden (unterstützt das P und das A von PERMA). Die Schülerinnen und Schüler kommen in einen Stehkreis zusammen und entweder jeder oder alternativ fünf berichten, was über den Tag hinweg besonders gut lief.

Fehler neu denken
Schule und Unterricht sind bis heute stark von Fehlerorientierung geprägt. Im Sinne eines Wachstumsdenkens (Dweck, 2017), das davon ausgeht, dass Kinder und Jugendliche sich noch sehr stark entwickeln können, bietet es sich an, Fehler neu zu denken und als erwartbare Hürden oder Stolpersteine auf jedem Lernweg zu bewerten. Lehrpersonen nehmen bei dieser Bewertung eine wichtige Rolle sein. Sie sind zum einen Modell für das Mindset, zum anderen agieren sie je nach Einstellung sehr unterschiedlich. Im Sinne des Wachstumsdenkens sind Fehler nichts Schlimmes und müssen daher auch nicht vermieden werden. Dieser Haltung liegt in der Regel eine Entspannung zugrunde, die alle spüren können. Nimmt eine Lehrperson wahr, dass ein Lernender etwas NOCH nicht kann, und ist sie überzeugt, dass eine Entwicklung hin zum Können möglich ist, so wirkt dies auf den Lernenden. Er spürt, dass Fehler gemacht werden dürfen und dass daraus ein Lernzuwachs entstehen wird. Positive Fehlerkultur kann Grundlage für Auswertungen von Klassenarbeiten sein. So betrachtet eine Lehrperson mit einem Schüler oder Schülerin die Arbeit zunächst auf der Grundlage zweier Fragen:

1. Was hast du alles schon gekonnt?
2. Bis wohin bist du schon gekommen?

Im Anschluss kann dann gemeinsam der Frage nachgegangen werden, was noch nicht geklappt hat und was ggf. notwendig ist, damit die Aufgabe beim nächsten Mal vollständig gelingen kann.

Michaela Brohm und Wolfgang Endres bieten in ihrem Praxisbuch zur Positiven Psychologie in der Schule ein Praxispaket mit 40 Übungen, die ebenfalls dazu dienen können den Schul- und Unterrichtsalltag mit Positiver Bildung anzureichern (Brohm & Endres, 2017).

4.3 PERMA unterrichten – eine Auswahl an Interventionen

Positive Detective – Gutes Wahrnehmen und miteinander teilen
Die von Lela Mc Gregor entwickelte Intervention Positive Detective zielt darauf ab, dass Lernende bewusst das Gute und Positive wahrnehmen lernen und miteinander teilen. In fünf Unterrichtseinheiten werden nach dem Prinzip der Positiven Bildung ausgewählte Theoriebausteine vorgestellt und praktisch geübt. Das Material bietet sowohl eine Einführung in die wissenschaftlichen Hintergründe als auch eine Powerpoint mit altersgerecht präsentierten Konzepten und ergänzt diese durch passende Filme, die die Theorie jeweils emotional berührend transportieren. Damit spricht sie bewusst beide Gehirnhälften an und verbindet Kognition mit Emotion, sodass die Lernbausteine zugleich zu einer emotionalen Erfahrung werden können. Jeder Aspekt ist darüber hinaus mit Vorschlägen und Materialien zu passenden Übungen ausgestattet. Jede auf (mindestens) 45 Minuten angelegte Einheit ist in sich geschlossen, sodass die Intervention sowohl im Rahmen einer Woche projektartig als auch in regelmäßigen wöchentlichen oder monatlichen Abständen bearbeitet und in den Schulalltag integriert werden kann. Inhaltlich teilt sich das Programm in zwei große Teile: Im ersten Teil wird der sogenannte Positivitätseffekt trainiert, es wird geübt, im Alltag bewusst das Gute zu sehen und wahrzunehmen (dies zahlt insbesondere auf P – Positive Emotionen ein). Im zweiten Teil geht es insbesondere darum, über Positives miteinander ins Gespräch zu kommen. Dies unterstützt zum einen Begegnungen zwischen Lernenden durch ihre inhaltlich positive Ausrichtung im Sinne von HQCs (hoch qualitätvollen Beziehungen). Desweiteren dient es einer positiven emotionalen Ansteckung (und damit dem R in PERMA): Wenn eine Person einer anderen etwas Schönes, Positives erzählt, so tut sie es mit Freude, mit Dankbarkeit, mit Vergnügen oder einer der anderen positiven Emotionen. Ihre Dialogpartnerin oder ihr Dialogpartner nimmt neben der Information die Emotionen wahr und geht in Resonanz, wird positiv emotional angesteckt (Rozin & Royzman, 2001) (Abb. 4.1).

Positive Detective gibt es in vier verschiedenen Programmvarianten unter www. positivedetective.de – für Lehrkräfte, für Kindergarten und Vorschule, für die Primar- sowie die Sekundarstufe. Die Grundstruktur ist in allen Programmen im Wesentlichen dieselbe, was sich ändert sind die Materialien.

PROGRAMMÜBERSICHT

Lektion	Thema	Kerngedanke	Erforderliche Materialien	Zeit
Lektion 1	Das Gute|Positive aufspüren.	Einführung in das PD+ Programm. Zwischen positiven und weniger positiven Wahrnehmungen unterscheiden. Gutes|Positives aufspüren.	Zeitungen und ausgedruckte Artikel aus dem Internet (bitte selbst aktuell zusammenstellen) 1 Einmachglas buntes Papier	45 min
GUTES|POSITIVES AUFSPÜREN				
Lektion 2	Gute|Positive Hinweise in unserer Welt erkennen.	Bewusst den Fokus auf die Hinweise für das Gute|Positive in unserem Leben lenken. Die Wissenschaft: Negativitätsdominanz und emotionale Ansteckung. Dankbarkeit.	PD+ Bildkarten PP+ wissenschaftlicher Hintergrund - Powerpoint Präsentation PD+ Schätze in meinem Leben - Arbeitsblatt	45 min
Lektion 3	Schatzsuche nach dem Guten|Positiven.	Ganz bewusst das Gute|Positive im Leben aufspüren. Sich darüber freuen und dankbar sein.	PD+ „Schätze in meinem Leben"-Arbeitsblatt PD+ „Positive Sinnsprüche" - Poster	45 min
GUTES|POSITIVES TEILEN				
Lektion 4	Schöne Erlebnisse mit anderen teilen.	Gute|positive Geschichten zu mit anderen teilen verstärkt unsere positiven Emotionen. Das Gute|Positive in anderen aufzuspüren und ihnen mitzuteilen kann mich und andere ins Wohlbefinden führen.	PD+ Dankbarkeitskarten	45 min
Lektion 5	Wohlbefinden für uns und andere erhöhen.	Bewusst auf das Gute|Positive in anderen zu blicken und dies auszudrücken kann positive Emotionen in anderen und uns selbst verstärken.	PD+ Dankbarkeitskarten PD+ Positive Sinnsprüche - Poster	45 min

Abb. 4.1 Positive Detective Programmübersicht. (Bildrechte: eigene Abbildung)

Starke Stärken – PERMA^{learn} für die Primarstufe

Das Trainingsprogramm Starke Stärken mit PERMA^{learn} (www.ph-vorarlberg.ac. at/schulentwicklung/starkestaerken) ist durch Ingrid Schertler und Ursula Rigger im Kontext der Positiven Schulentwicklung an der PH Vorarlberg entstanden (Lichtinger & Rigger, 2021; Lichtinger & Rigger, 2022b). Die wissenschaftliche Fundierung basiert auf den Maßgaben des VIA-Stärkeninstituts (Niemiec, 2019) und bietet fünf Unterrichtseinheiten zu Charakterstärken für die Grundschule. Vorauslaufend gibt es für interessierte Lehrkräfte ein Fortbildungsangebot, in dem in die Stärkenarbeit eingeführt und auf die empirischen Grundlagen eingegangen wird. Ein Begleitheft zum Nachlesen für Zuhause ermöglicht auf knapp zehn Seiten einen Überblick dazu. Die fünf Unterrichtseinheiten sind darauf ausgerichtet, die Kinder mit dem Stärkenkonzept altersgerecht vertraut zu machen. Dazu wird an einem adaptierten Aware-Explore-Apply-Ansatz (vgl. Abschn. 3.3) entlang gegangen, der an ausgewählten Beispielen ermöglicht, Stärken zu erkennen, mit ihrem Einsatz zu experimentieren sowie sie in verschiedenen Lebens- und Lernsituationen bestmöglich einzusetzen. Die erste Unterrichtseinheit ist dem Überblick über die 24 Charakterstärken sowie ihrer Zuordnung zu den sechs Tugenden gewidmet. Dazu wird eine Geschichte vorgelesen, die sowohl eine passende Atmosphäre schaffen als auch thematisch einführen kann, bevor in den folgenden beiden Einheit die Stärke Hoffnung und Enthusiasmus exemplarisch genauer betrachtet werden. Einheit vier widmet sich zum Abschluss der Erarbeitung eines Stärkenbaumes für die Klasse.

Dieser visualisiert, welche Stärkenvielfalt in der Lerngruppe herrscht und motiviert dazu, Stärken immer wieder bewusst bei sich und den anderen wahrzunehmen sowie diese explizit zu nutzen.

KOMPASS meets PERMA – Stärkenorientierung an der Realschule
KOMPASS meets PERMA, eine Initiative unter der Leitung von Erika Ohland und Ulrike Lichtinger hat zum Ziel, die bisher an bayerischen Realschulen existierenden KOMPASS-Aktivitäten zur Stärkung der Stärken und des Selbstbewusstseins von Schülerinnen und Schüler der Sekundarstufe I in die empirisch validierte und international stark wachsende Positive Bildung (Lichtinger, 2021) überzuführen. Sie kann im Grunde auf Schulen aller Schularten im Sekundarbereich angepasst werden. In den Schulen wird die Etablierung eines übergreifenden, PERMAnenten Lehr-, Lern- und Haltungsprinzips unterstützt, um alle Beteiligten (Lehrkräfte, Jugendliche und deren Familien) zu ermutigen und zu ermächtigen, selbstverantwortlich, klar und zielgenau für Wohlbefinden im Sinne von PERMA zu sorgen. Das Schulungskonzept für Lehrpersonen sieht fünf Einheiten vor, in denen es darum geht, Positive Bildung als Konzept kennenzulernen (1) sowie Charakterstärken in den Fokus zu nehmen und Stärken zu stärken (2), bevor tiefer eingedrungen wird. Dazu gehören die Arbeit am Zusammenhang von Wohlbefinden, Lernen und Leisten über den Faktor P, Positive Emotionen (3) sowie die Betrachtung von Lernen und Leisten aus neurowissenschaftlicher Perspektive (4). In der abschließenden Einheit wird Wachstumsdenken – Growth Mindset – als bedeutsame Haltung thematisiert und an der eigenen Praxis reflektiert, bevor gezeigt wird, wie Positive Bildung systematisch an der Schule etabliert werden kann (5). Durch die Einführung in die PERMA-Matrix (vgl. Abschn. 3.5) erhalten die Schulen ein Raster, um bereits bestehende Element Positiver Bildung zu identifizieren und einen Entwicklungsprozess, strukturiert anzugehen bzw. weiterzutreiben. KOMPASS meets PERMA ist ein Programm, dass PERMA lernen und PERMA unterrichten kombiniert, da für jede thematische Einheit Tools für den Unterricht an die Hand gegeben werden (www.ku.de/ppf/paedagogik/lehrstuhl-fuer-schulpaedagogik).

4.4   PERMA im Fachunterricht einbetten: Das Mathemeer – ein positives Lernsystem

PERMA in den Fachunterricht einbetten stellt von allen Handlungsfeldern vor die größten Herausforderungen. Hier gilt es die empirischen Befunde der Ursprungsdisziplin Positive Psychologie ins Fach zu übertragen und damit insbesondere mit Fachdidaktik zu verknüpfen. Neben fachdidaktischen Überlegungen – für das Beispiel Mathemeer durch Carmen Evermann und ihr Team eingebracht – braucht es dann eine Prüfung der Unterrichtskonzeption bzw. des Lernangebots an den PERMA-Faktoren entlang. PERMA^{lis} hat sich zur Aufgabe gemacht, dies in besonderer Weise zu tun. Es steht für Lernen in Systemen (lis) auf Grundlage von Wohlbefinden mit PERMA. Lernen in Systemen versteht sich als lernseitiges Angebot an die Schülerinnen und Schüler, die individuell und gemeinsam mit Freude und an den vom Lehrplan verordneten Inhalten entlang lernen können sollen. Dazu braucht es Strukturen, die – wie von Accomplishment gefordert – Ziele deutlich machen und Wege zu diesem Ziel aufzeigen. Daher werden Lehrpläne zu Lernplänen gemacht und an die Altersstufe der Kinder angepasst bildlich interpretiert (www.lernleitern.de). Für die erste und zweite Jahrgangsstufe Mathematik in der Primarstufe sind dies die Buchstabenberge (Lichtinger & Höldrich, 2016) und besonders das Mathemeer (Lichtinger et al., 2021). Hier segeln die Kinder von Insel zu Insel und erarbeiten sich über den vorgezeichneten Lernweg, Lernleiter genannt, der in kleinere Etappen gegliedert ist, die Meilensteine, die Themenbereiche der Mathematik. Jeder der gut 30 Meilensteine bietet den Kindern größere und kleinere Aktivitäten, die sie individuell, in Tandems, Kleingruppen oder mit der Lehrperson bearbeiten – je nachdem, welche Optionen vorgeschlagen sind. Die Aktivitäten zeichnen die klassische Abfolge der Artikulation nach und halten für die Lernenden Einführung, Erarbeitung, Übung und Vertiefung nach dem EIS-Prinzip parat. Abgeschlossen wird jeder Meilenstein mit einer Standortbestimmung, die zeigt, ob bzw. inwiefern das Kind die angezielten Kompetenzen schon erwerben konnte, bzw. welche Förderung es ggf. braucht. Den PERMA-Faktoren wird in Fülle Rechnung getragen. So sind die Aktivitäten auf Freude und Machbarkeit ausgerichtet, bieten Wahlmöglichkeiten von federleicht bis zur harten Nuss, die es zu knacken gilt, und eröffnen Autonomien, Freiheiten in der Einteilung der Zeit, der Wahl des Arbeitsplatzes in den vorgesehenen Lernzonen, bei der Wahl des Lernpartners oder der Lernpartnerin und bisweilen auch der Aufgaben. Entscheidend ist dabei, dass es keine absoluten Freiheiten und das oft damit verbundene Gefühl der Überforderung gibt, sondern kleinere und größere Wahlfreiheiten. Die Wahl des Lernpartners bzw. der Lernpartnerin ist dahingehend eingeschränkt, dass die Lernenden idealerweise mit dem Kind arbeiten, das gerade an derselben Aktivität im Lehrplan steht. Dies ergibt eine hohe Vielfalt von hochqualitätvollem Miteinander (HQC), da im Verlauf des Lernjahres in der Regel jedes Kind mit allen in Kontakt kommen kann. Sinn entsteht bei PERMA^{lis} einerseits im Lebensweltbezug einer Vielzahl an Aufgaben. Die Kinder machen sich immer wieder die Welt des Klassen- oder Lernraumes zueigen und betrachten

Dinge oder Phänomene aus mathematischer Perspektive. Zudem sind das Mathemeer, die Lerninsel und die Meilensteine mit einer Geschichte verbunden, in die die Kinder jeden Lerntag neu eintauchen und dabei gemeinsam mit der Leitfigur, der Krabbe Lenny, mathematische Abenteuer erleben und Aufgaben lösen. Das große Lernziel ist es, die Lerninsel über das Schuljahr hinweg vollständig zu erkunden, da damit der gesamte Stoff des Lehrplanes der Jahrgangsstufe bearbeitet ist. Kleinere Lernziele sind die über 30 Standortbestimmungen am jeweiligen Ende eines Meilensteines. Sie dienen dazu, die Kompetenzzuwächse der Kinder zu evaluieren und den Abschluss des Meilensteins zu markieren, Erfolge aufzuzeigen bzw. zu Förderoptionen zu führen. Über PERMA^{lis} werden sowohl der mögliche Lernweg über ein Schuljahr hinweg als auch die kleineren Etappen im Kontext der Meilensteine skizziert, sodass für die Kinder große und kleine Lernziele sowie die Prozesse, die dazu führen, sichtbar sind. Werden die einzelnen Stationen erreicht, so kann dies jeweils mit Stolz als Etappen- oder schließlich Zielerfolg verbucht und gefeiert werden.

4.5 Die PERMA-Matrix zur Schulentwicklung

Für eine umfassende Umsetzung Positiver Bildung auf Schulebene empfiehlt sich eine systematische Schulentwicklung am Rahmenmodell entlang. Dazu wurde die PERMA-Matrix entwickelt, ein Rohentwurf, der es Schulen ermöglicht, bestehende Initiativen und Aktivitäten zunächst im Sinne einer Ist-Stands-Analyse zu identifizieren und den um Stärken und Gesundheit erweiterten PERMA-Säulen des Rahmenmodells sowie den vier Handlungsfeldern Lernen, Leben, Unterrichten und Einbetten zuzuordnen (Abb. 4.2).

Die Matrix geht mit ihren Spalten inhaltlich an Seligmans PERMA-Modell entlang. Davor steht der Bereich der Stärkenarbeit, der im Rahmenmodell der Geelong Grammar School als zentraler Bereich, der in alle anderen hineinwirkt, verstanden wird. Am Ende wird PERMA erweitert um den Faktor H, Health (Gesundheit). Die Spalten sind jeweils in zwei Teilspalten untergegliedert, einer mit Theorie überschrieben und einer mit Praxis. Theorie und Praxis werden so in der Matrix sichtbar durch die Aufspaltung jedes PERMA-Faktors in theoretische Konzepte und praktische Übungen, Interventionen und Trainingsprogramme. Der Teilspalte Theorie werden beispielsweise die Broaden-and-Build-Theorie bei den Positiven Emotionen (P) oder die Arbeit an High Quality Connections (HQR – dem hochqualitätvollen Miteinander) bei den Beziehungen (R) zugeordnet. Zudem sollten praktische Elemente in der Teilspalte Praxis dokumentiert werden. Dies könnten zum Beispiel der Klassen-Stärkenbaum für Engagement(E)

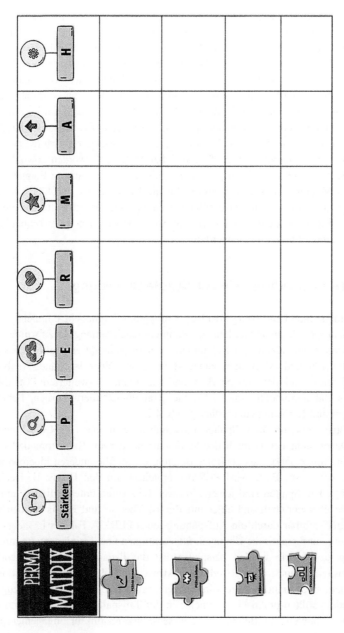

Abb. 4.2 PERMA-Matrix. (Bildrechte: eigene Abbildung angefertigt mit Hilfe von Slidesgo-Infographics)

sein, eine Aktion zu kleinen Freundlichkeiten (sog. random acts of kindness) bei den Beziehungen (R) oder die Nutzung eines Ziel-Prozess-Logbuchs in der Teilspalte Praxis Zielerreichung (A) sein. Theoretische Konstrukte sind für alle Lernenden, Schulleitung, Lehrpersonen, Schülerinnen und Schüler für eine umfassende Positive Bildung wichtig, da persönliche Entwicklungen durch Bewusstmachung und Reflexion unterstützt und gefördert werden. Dies trägt dem Faktor Meaning, Sinn, des PERMA-Modells Rechnung. Wenn Menschen ihr Warum erkennen, Sinn in möglicherweise zunächst auch irritierend oder seltsam anmutenden Übungen sehen, dann sind sie eher bereit, sich darauf einzulassen. Fehlen theoretische Erläuterungen, so erhöht sich die Wahrscheinlichkeit eines Widerstands durch eine Lehrperson, durch Schülerinnen und Schüler – insbesondere im Jugendalter – oder durch Eltern. Durch gezielte Information, sorgsam eingewoben in Trainingsprogramme mit konkreter Praxis, werden Empowerment gefördert und schließlich Ownership, ein Zueigenmachen, erzeugt.

Über die Matrix ist es in der Ist-Stands-Analyse desweiteren hilfreich zu hinterfragen, wer in den einzelnen Bausteinen welche Theorie und Praxis bereits kennengelernt hat. Daher sind die Handlungsfelder PERMA lernen und PERMA leben nochmals in Personengruppen unterteilt, nämlich der Leitungsebene (SL), dem Kollegium mit den Lehrpersonen und dem weiteren (pädagogischen) Personal (LP) sowie den Eltern. Die Schülerinnen und Schülerinnen werden in PERMA lernen ausgeklammert und im Kontext von PERMA unterrichten separat betrachtet. Gedacht ist, die Zeilen PERMA lernen und PERMA leben mit etablierten Maßnahmen zu füllen, die die jeweilige Personengruppe über ein Training kennen gelernt hat bzw. bewusst im Schulalltag lebt. Zu Letzterem können Meditations- und Achtsamkeitspausen ebenso gehören wie Schuljahres-Erfolgsfeste oder eine Kollegiums-Dankbarkeitswand. PERMA unterrichten erfolgt idealerweise systematisch und strukturiert. Daher ist es sinnvoll, zu dokumentieren, welche Jahrgangsstufe welche Trainingsprogramme durchläuft. Für das Umsetzungsfeld PERMA einbetten sollte analysiert werden, wie Positive Bildung in den einzelnen Fächern oder auch in übergreifenden Projekten aufscheint. Nach dem Befüllen der Matrix mit bestehenden Aktivitäten wird eine Bepunktung dieser vorgenommen. Konkret soll auf einer Skala von 1 (wenig ausgeprägt) bis 10 (vollständig umgesetzt) jede Aktivität im Hinblick auf die Qualität ihrer Umsetzung eingeschätzt werden. Existierenbereits eine Aktivität, beispielsweise ein Stärkentraining mit einer theoretischen Einführung nach Peterson und Seligman (Peterson & Seligman, 2004) sowie praktischen Übungen (Niemiec, 2019) für Lehrkräfte im Handlungsfeld PERMA lernen, so wird dies in der Spalte Engagement über Theorie und Praxis hinweg eintragen. Ist dieses Trainingsprogramm aktuell auf mittlerem Qualitätsniveau, weil die Theorie noch ganz nicht vollständig ist und in den praktischen Übungen Teile fehlen, so könnte dies mit einer 5 belegt werden. Am Ende entsteht eine quantifizierte Übersicht über die Umsetzung der einzelnen PERMA-Faktoren bzw. in den einzelnen Handlungsbereichen. Die Gesamtpunktezahl spiegelt den Flourishing-Wert der Schule.

Nach Analyse der Ausgangslange kann im Kollegium überlegt werden, wie ein für die Schule sinnvoller und zielführender Prozess hin zu einer PERMA-Schule aussehen kann und welche Maßnahmen wann wie integriert werden können. Diese können mit einer weiteren Farbe in die Matrix eingetragen und dann beispielsweise durch Unterstreichung priorisiert werden. Um mögliche neue Entwicklungen anstoßen zu können, macht es Sinn, sich einen Überblick über bewährte Konzepte und Übungen zu verschaffen und gemeinsam zu überlegen, welche ggf. berücksichtigt werden können. Dazu bietet es sich an, sich an empirisch validierten Konzepten und Befunden – wie in diesem *essential* skizziert – zu orientieren und vielleicht eine Beratung durch eine Expertin oder einen Experten in Anspruch zu nehmen (Abb. 4.3).

Idealerweise wird für die weitere Entwicklung ein positiver Schulentwicklungsprozess genutzt, da hier Schulentwicklung mit den Erkenntnissen der Positiven Psychologie verbunden ist Lichtinger, 2022; Lichtinger & Rigger, 2022) und so auch im Prozess das Augenmerk auf inhaltliche Ergebnisse und Wohlbefinden aller Beteiligten gelegt wird.

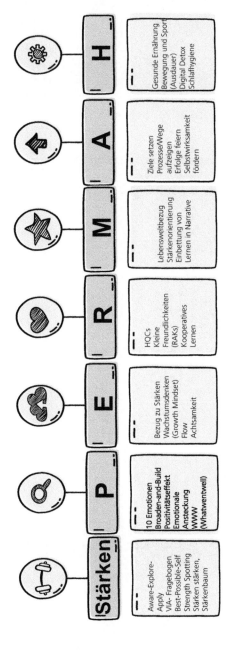

Abb. 4.3 Trainingsbausteine aus diesem *essential*. (Bildrechte: eigene Abbildung angefertigt mit Hilfe von Slidesgo-Infographics)

Psychische Gesundheit, Resilienz und Wohlbefinden von Schülerinnen und Schüler sind nicht zuletzt durch die Pandemie für viele Schulen, für die Schulaufsicht und die Politik weltweit zur Priorität geworden. Seligmans Bericht für das World Happiness Council (Seligman & Adler, 2018) zeigt, dass Positive Bildung mittlerweile in vielen Staaten rund um den Globus an Bedeutung gewinnt. Wohlbefinden wird zum expliziten Ziel von Bildung, unterstützt durch Programme und Initiativen internationaler Organisationen wie UN, WHO, UNESCO und OECD (UN, 2021; WHO & UNESCO, 2021; OECD, 2015). In Australien, dem Mutterschoß der Positiven Bildung, sind Maßnahmen zur Unterstützung von Wohlbefinden die zweitwichtigste Schulentwicklungsstrategie, über 65 % der Schulen haben die Stärkung von psychischem Wohlbefinden in ihrem Leitbild verankert (Waters, 2020) und dokumentieren u. a. Maßnahmen zur Stärkung von Stärken. Einschlägige Ergebnisse geben ihnen recht und bestätigen die ersten Ergebnisse aus Bhutan, Peru und Chile, die in Kap. 2 Erwähnung gefunden haben. In den USA ergab eine Metaanalyse, dass Schülerinnen und Schüler in nationalen Schulleistungsstudien 11 % besser abschneiden, wenn sie eine Schule besuchen, die auf Wohlbefinden ausgerichtet ist. Ähnliches zeigt sich in Australien, wo Schülerinnen und Schüler aus Schulen mit gut etablierten Trainingsprogrammen zu Wohlbefinden sechs Monate über den erwarteten Bildungsstandards NAPLAN abschneiden (Waters, 2020).

Um Interventionen zur Förderung Positiver Bildung erfolgreich in Schulen zu verankern, ist eine solide Basis an Evidenz hilfreich. Die Forschung im Kontext dieser Domäne zielt in hohem Maße auf die Wirksamkeit von Interventionen im Feld. Standen zunächst insbesondere Schülerinnen und Schüler im Fokus, so wurde die Forschung nach und nach auch auf Wohlbefinden von Lehrpersonen und pädagogischen Teams ausgeweitet. Heute stehen darüber hinaus Studien zur Verfügung, die auf System-Ebenen unterstützen wollen, Positive Bildung als

Konzept im Unterricht bzw. in der ganzen Schule verankern zu können (Allison et al., 2020). Mit Hilfe einschlägiger Literaturreviews lassen sich u. a. sowohl Forschungsdichte als auch Themenbreite gut erkennen und von 2009 bis heute 17 solcher Reviews zu verschiedenen Aspekten Positiver Bildung inklusiver ihre Vorläufer und Impulsgeber identifizieren (Waters & Loton, 2021). Sie bilden Themen wie Resilienz, sozial-emotionales Lernen, Coping, Achtsamkeit, Stärken, Dankbarkeit, Hoffnung, Emotionen, emotionale Intelligenz, positive Beziehungen, Gewohnheiten und Ziele ab und geben Hinweise zu den untersuchten Gruppen sowie die Anzahl der Probanden. Während zunächst vornehmlich Jugendliche in Studien fokussiert wurden, ist die Forschung inzwischen auf Kinder bis in die Elementarstufe ausgeweitet. Dies birgt nicht selten größere Herausforderungen, da Faktoren von Wohlbefinden meist über Selbsteinschätzungsskalen erhoben werden und damit Lese- und Verstehenskompetenz vorhanden sein muss. Erhebungen im Kindergarten benötigen andere Darstellungsformen. Insgesamt zeigt sich eine Zunahme positiv-psychologischer Forschung im Bildungskontext. Auch im deutschsprachigen Raum laufen Studien zum Glückstraining, zu PERMA.teach, zu PERMA^{lis} sowie zu KOMPASS meets PERMA.

International lässt sich ein heterogenes Bild der Forschung zeichnen, das stellenweise durchaus berechtigt Anlass zu Kritik gibt, wenn beispielsweise Gruppen zu klein für aussagekräftige Ergebnisse sind, das Design der Studie die zugrunde liegende Fragestellung nicht optimal beantworten kann oder vorhandene, bereits validierte Skalen alters-, sprach- oder kulturangemessen adaptiert werden müssen.

Der Positiven Bildung wird – wie der Positiven Psychologie – immer wieder zudem der Vorwurf gemacht, sich nur auf das Positive auszurichten, Realitäten durch eine positive Brille zu betrachten und zu „Think pink" aufzurufen. Dass dem nicht so ist, lässt sich über die breite Theorie und Empirie unschwer erkennen. Das schnelle Wachstum der Domäne sowie die Vielzahl unterschiedlichster Akteure im Feld macht profunde Arbeit nicht immer auf den ersten Blick erfassbar. Entscheidend ist der zweite Blick auf Basis weniger Kernfragen:

- Sind konkrete praktische Maßnahmen mit Studien hinterlegt?
- Sind Trainingsprogramme auf ein eindeutiges Design zugeschnitten und mit theoretischem Wissen angereichert?
- Können Dozierende Forschungsbefunde nennen sowie zu Forschungsthemen und -ergebnissen Auskunft geben?
- Verorten Referentinnen und Referenten Inhalte und Daten in einem Rahmenmodell?

Fazit

6

Positive Bildung kann auf verschiedenen Ebenen von Schule für Aufblühen sorgen: auf der Ebene der Individuen können praktische Maßnahmen und Bausteine Lernende und Lehrende sowie Leitungspersonen im Bildungskontext in ihrer Potenzialentfaltung unterstützen und zu ihrem Aufblühen beitragen. Auf der Ebene der Einzelschule kann das Konzept der Positiven Bildung Kraft entwickeln, das gesamte System zu energetisieren und freudvolles, sinnstiftendes Lernen und Arbeiten ermöglichen. Gemäß einem afrikanischen Sprichwort braucht es allerdings mehr: Es braucht ein Dorf um ein Kind zu erziehen, es braucht uns alle, um unseren Kindern und Jugendlichen passende Angebote zur Unterstützung ihrer Bildungs- und Entwicklungsprozesse anzubieten. In Zeiten des eklatanten Lehrermangels gilt dies mehr denn je. Daher kann und muss Positive Bildung auch auf gesellschaftlicher Ebene alle, insbesondere Bildungspolitik und Entscheidungsträger zum Handeln auffordern. Der Global Happiness Policy Report von 2019 (Seligman & Adler 2019) enthält eine Checkliste für einen nachhaltigen makrosystemischen Wandel hin zur Positiven Bildung und schlägt einen zwölfstufigen Entwicklungsprozess vor, der im Wesentlichen drei Ziele verfolgt:

- Wohlbefinden und Leistung im Sinne der seit PISA gewachsenen Outcomes zu verbinden,
- Wohlbefinden über ein wissenschaftliches Konstrukt mit klar definierten Faktoren ebenso zu erheben wie akademische Leistungen und darüber hinaus Reduktionen von Unwohlsein, Unzufriedenheit, Depression und Angst zu messen,
- Empirisch validierte Maßnahmen (sog. Interventionen) vorzustellen, die das Wohlbefinden steigern und Unwohlsein reduzieren.

U. Lichtinger, *Positive Bildung, essentials*,
https://doi.org/10.1007/978-3-658-39763-0_6

Positive Bildung will Handlungsoptionen auf allen Ebenen aufzeigen, zum Handeln zu inspirieren. Sie will sich dabei verstanden wissen, wie eine große Blumenwiese mit einem Angebot an bunten Blumen. Welche wir für uns aufnehmen können und wollen und welchen Strauß wir uns binden, bleibt uns überlassen – ebenso wie das Erschaffen der neuen Schulen den dort tätigen Lehrenden sowie den dort Lernenden überlassen ist. Wenn es gelingt, die schöpferische Kraft dieses Ansatzes zu transportieren und im wahrsten Sinne des Wortes für emotionale Ansteckung sei es auch nur bei wenigen Leserinnen und Lesern unter Ihnen zu sorgen, dann hat sich die Arbeit, dieses Büchlein zu schreiben, gelohnt. Nur wenn wir groß denken, können wir groß handeln, empfiehlt Kim Cameron, ein Vordenker der positiven Organisationsentwicklung (Cameron, Dutton & Quinn 2003). Es ist unsere Aufgabe, von der Zukunft her zu denken und uns auf den Weg zu machen, damit es gelingt, unseren Kindern und Jugendlichen weiterhin gute Bildungsangebote zu machen, die sie befähigen, ihr Leben zu meistern, sich als selbstwirksam zu erfahren und Freude daran zu haben, lebenslang weiter zu lernen.

Was Sie aus diesem *essential* mitnehmen können

- Wie Sie Positive Psychologie für sich als Lehrkraft nutzen können
- Was Sie tun können, damit Ihre Schule aufblüht
- Wie Sie Positive Bildung lernen und unterrichten können
- Wie Sie Ihre Schule positiv entwickeln können

Literatur

Adler, A. & Seligman, M. E. P. (2016). Using wellbeing for public policy: Theory, measurement, and recommendations. *International Journal of Wellbeing, 6*(1), 1–35. https://ppc. sas.upenn.edu/sites/default/files/wellbeingpublicpolicy.pdf.

Adler, A., Tetlock, P. E. & Duckworth, A. (2016). *Teaching well-being increases academic performance: Evidence from Bhutan, Mexico and Peru.* University of Pennsylvania.

Allison, L., Waters, L. & Kern, M. L. (2020). *Flourishing classrooms: Applying a systems-informed approach to positive education.* Vorab-Onlinepublikation. https://doi.org/10. 1007/s40688-019-00267-8.

Antonovsky, A. (1997). *Forum für Verhaltenstherapie und psychosoziale Praxis: Band 36. Salutogenese: Zur Entmystifizierung der Gesundheit* (Übers. N. Schulte) (A. Franke, Hrsg.). Dgvt.

Brohm-Badry, M. (2017). Warum wir Leistung neu denken sollen. Weckruf für ein humanistisches Leistungsparadigma. In M. Brohm-Badry, C. Peifer & J. Greve, Positiv-Psychologische Forschung im deutschsprachigen Raum - State of the Art. Pabst Science Publisher.

Brohm, M. & Endres, W. (2017). *Positive Psychologie in der Schule: Die »Glücksrevolution« im Schulalltag* (2., erweiterte Aufl.). Beltz J.

Burow, O.-A. (2017). Neues Lernen? Lernlust und Bildungsglück im digitalen Zeitalter. *Televizion, 30*, 1.

Cameron, K., Dutton, J. & Quinn, R. (Hrsg.). (2003). *Positive organizational scholarship: Foundations of a new discipline.* Berrett-Koehler.

Csikszentmihalyi, M. (2017). *Flow: Das Geheimnis des Glücks* (Übers. A. Charpentier). Klett-Cotta.

Diener, E. (1984). Subjective well-being. *Psychological Bulletin, 95*(3), 542–5754.

Duckworth, A. L., Peterson, C., Matthews, M. D. & Kelly, D. R. (2007). Grit: Perseverance and passion for long-term goals. *Journal of Personality and Social Psychology, 92*(6), 1087–1101. https://doi.org/10.1037/0022-3514.92.6.1087.

Dutton, J. E. (2003). *Energize your workplace: How to create and sustain high-quality connections at work* (1. Aufl.). University of Michigan Business School management series.

Dweck, C. (2017). *Selbstbild: Wie unser Denken Erfolge oder Niederlagen bewirkt. Piper: Bd. 31122.* Piper.

Esch, T. (2017). *Die Neurobiologie des Glücks: Wie die Positive Psychologie die Medizin verändert* (3. unveränderte Aufl.). Georg Thieme Verlag.

Fredrickson, B. (2011). *Positivity: Groundbreaking research to release your inner optimist and thrive.* Oneworld.

Fredrickson, B. (2013). *Love 2.0: How our supreme emotion affects everything we feel, think, do, and become.* Hudson Street Press.

Fritz-Schubert, E., Saalfrank, W. T. & Leyhausen, M. (Hrsg.). (2015). *Pädagogik praxis. Praxisbuch Schulfach Glück: Grundlagen und Methoden.* Beltz.

Haidt, J. (2000). The Positive emotion of elevation. *Prevention & Treatment, 3*(1). https://doi.org/10.1037//1522-3736.3.1.33c.

Lichtinger, U. (2018). *Positive Schulentwicklung: Flourishing SE: Theoretische Grundlagen* (1. Aufl.). VffL.

Lichtinger, U. (2019). Flourishing SE – Positive Schulentwicklung. *Erziehung & Unterricht, 169*(5–6), 203–211.

Lichtinger, U. (2021). Flourishing – Wohlbefinden und höhere Leistungen in der Schule. *Starke Lehrer – Starke Schule, 46*, 3–21.

Lichtinger, U. (2022). *Positive Schulentwicklung: Positive Psychologie in der Schulentwicklung für die Beratung und Prozessbegleitung.* Springer.

Lichtinger, U. & Höldrich, A. (2016). *Lernlandschaften Deutsch 1/2 – Buchstabenberge.* Roderer Verlag.

Lichtinger, U. & Rigger, U. (2021). *Schule wird gelingen mit Flourishing SE: Das Praxisbuch der positiven Schulentwicklung.* Carl Link.

Lichtinger, U., Evermann, C. & Lermer, S. (2021). Lernen mit System und Wohlbefinden – Das Konzept PERMA-lis am Beispiel des Mathemeers. *Starke Lehrer – Starke Schule, 49*, 1–26. https://www.raabe.de/ratgeber/lehrerleben/37049/lernen-mit-system-und-wohlbefinden

Mathes, C. (2016). *Curriculum Schulfach Glückskompetenz: Der Leitfaden für den Glücksunterricht* (1. Aufl.). Books on Demand.

Montessori, M. (2021). *Grundlagen meiner Pädagogik: Und weitere Aufsätze zur Anthropologie und Didaktik* (13., unveränd. Aufl.). Quelle & Meyer.

Niemiec, R. M. (2019). *Charakterstärken: Trainings und Interventionen für die Praxis* (1. Aufl.). Hogrefe.

Norrish, J. (2015). *Positive education: The Geelong grammar school journey. Oxford positive psychology series.* Oxford University Press.

OECD. (2015). *Skills for social progress: The power of social and emotional skills.* OECD Publishing.

Oswald, P. (Hrsg.). (2012). *Grundgedanken der Montessori-Pädagogik: Quellentexte und Praxisberichte* (3. Aufl., vollst. überarb. und erw. Ausg. 2008). Herder.

Peterson, C. & Seligman, M. E. P. (2004). *Character strengths and virtues: A handbook and classification.* Oxford University Press. http://www.loc.gov/catdir/enhancements/fy0614/2003024320-d.html.

Rahm, T. & Heise, E. (2019). Teaching happiness to teachers – Development and evaluation of a training in subjective well-being. *Frontiers in Psychology, 10*, 2703. https://doi.org/10.3389/fpsyg.2019.02703.

Reich, K. (2012). *Konstruktivistische Didaktik: Das Lehr- und Studienbuch mit Online-Methodenpool* (5. Aufl.). *Pädagogik und Konstruktivismus.* Beltz.

Rozin, P. & Royzman, E. B. (2001). Negativity bias, negativity dominance, and contagion. *Personality and Social Psychology Review, 5*(4), 296–320. https://doi.org/10.1207/S15 327957PSPR0504_2.

Ryan, R. M. & Deci, E. L. (2018). *Self-determination theory: Basic psychological needs in motivation, development, and wellness (Paperback edition).* The Guilford Press.

Ryff, C. D. (2014). Psychological well-being revisited: Advances in the science and practice of eudaimonia. *Psychotherapy and Psychosomatics, 83*(1), 10–28. https://doi.org/10. 1159/000353263.

Seligman, M. E. P. (2015). *Wie wir aufblühen: Die fünf Säulen des persönlichen Wohlbefindens* (2. Aufl.). *Goldmann: Bd. 22111.* Goldmann.

Seligman, M. E. P. & Adler, A. (2018). Positive education. In J. F. Helliwell, R. Layard, & J. Sachs (Hrsg.), *Global happiness policy report: 2018* (S. 52–73). Global Happiness Council.

Seligman, M. E. P. & Adler, A. (2019). Positive education. In J. F. Helliwell, R. Layard, & J. Sachs (Hrsg.), *Global happiness policy report: 2019* (S. 53–72). Global Happiness Council.

Seligman, M. E. P. et al. (2009). Positive education: Positive psychology and classroom interventions. *Oxford Review of Education, 35,* 293–311.

Stephens, J. P., Heaphy, E. & Dutton, J. E. (2012). High quality connections. In K. S. Cameron & G. M. Spreitzer (Hrsg.), *Oxford library of psychology. The Oxford handbook of positive organizational scholarship.* Oxford University Press. https://doi.org/10.1093/oxf ordhb/9780199734610.013.0029.

UNESCO. (2015). *Education for All 2000–2015: Achievements and challenges.* https://une sdoc.unesco.org/ark:/48223/pf0000232565. Zugegriffen: 19. Sept. 2022.

United Nations. (22. June 2021). Link between education and well-being never clearer, UN pushes for „health-promoting" schools. *UN News.* https://news.un.org/en/story/2021/06/ 109455. Zugegriffen: 19. Sept. 2022.

Waters, L. E. (2020). SEARCH. A meta-framework for bringing wellbeing into schools. *Independence Journal, 45,* 46–49. https://independence.partica.online/independence/vol-45-no-1-may-2020/flipbook/48/.

Waters, L. & Loton, D. (2021). Tracing the growth, gaps, and characteristics in positive education science: A long-term, large-scale review of the field. *Frontiers in psychology, 12,* 774967. https://doi.org/10.3389/fpsyg.2021.774967.

WHO and UNESCO. (2018). Global standards for health promoting schools. Concept note. https://www.who.int/publications/i/item/global-standards-for-health-promoting-schools. Zugegriffen: 19. Sept. 2022.

WHO and UNESCO. (2021). Making every school a health-promoting school: Global standards and indicators. https://apps.who.int/iris/bitstream/handle/10665/341907/ 9789240025059-eng.pdf. Zugegriffen: 19. Sept. 2022.